财务会计技能训练
(第3版)

陈小英　杨承亮　主　编

清华大学出版社
北　京

内 容 简 介

本书是与清华大学出版社同期出版的《财务会计(第3版)(微课版)》相配套的技能训练用书,其内容与主教材保持一致。

全书共分13个项目的技能训练,分别为财务会计认知,货币资金的核算,应收及预付款项的核算,存货的核算,对外投资的核算,固定资产的核算,无形资产与其他长期资产的核算,流动负债的核算,非流动负债的核算,所有者权益的核算,收入、费用及利润的核算,财务会计报告的编制,特殊会计业务的处理。通过设置单项选择题、多项选择题、判断题和实务操作题使学生能够强化会计实务的操作能力,达到提高会计技能的目的。本书后还附有参考答案,方便学生进行学习效果的检查。

本书可作为高职高专会计专业、财务管理专业及其他相关专业的强化训练用书。

本书封面贴有清华大学出版社防伪标签,无标签者不得销售。
版权所有,侵权必究。举报: 010-62782989, beiqinquan@tup.tsinghua.edu.cn。

图书在版编目(CIP)数据

财务会计技能训练/陈小英,杨承亮主编. —3版. —北京: 清华大学出版社,2021.3(2024.2重印)
ISBN 978-7-302-57646-4

Ⅰ. ①财⋯ Ⅱ. ①陈⋯ ②杨⋯ Ⅲ. ①财务会计—高等职业教育—教学参考资料 Ⅳ. ①F234.4

中国版本图书馆 CIP 数据核字(2021)第 037139 号

责任编辑: 梁媛媛
封面设计: 刘孝琼
责任校对: 王明明
责任印制: 杨 艳

出版发行: 清华大学出版社
    网　　址: https://www.tup.com.cn, https://www.wqxuetang.com
    地　　址: 北京清华大学学研大厦A座　　邮　　编: 100084
    社 总 机: 010-83470000　　邮　　购: 010-62786544
    投稿与读者服务: 010-62776969, c-service@tup.tsinghua.edu.cn
    质量反馈: 010-62772015, zhiliang@tup.tsinghua.edu.cn
    课件下载: https://www.tup.com.cn, 010-62791865
印 装 者: 三河市人民印务有限公司
经　　销: 全国新华书店
开　　本: 185mm×260mm　　印　张: 10.5　　字　数: 252千字
版　　次: 2013年1月第1版　　2021年3月第3版　　印　次: 2024年2月第2次印刷
定　　价: 32.00元

产品编号: 089842-01

第3版前言

本书是与清华大学出版社同期出版的《财务会计(第3版)(微课版)》相配套的技能训练用书,全书在2017年1月第2版的基础上,借鉴国内同类教材的先进经验,结合财政部2017年以来陆续修订、制定的《企业会计准则》及其他现行企业会计准则等最新精神,在原有内容的基础上,全面体现现行的营业税改为增值税在会计中的运用,并作了较为全面的梳理、补充和完善,内容更加完整、准确。而且修订后更能体现时效性,即与会计实务工作密切联系,可以配合教学,帮助学生全面、准确地理解《财务会计》的主要内容,使其具备一定的实际操作能力。

本书在编写过程中力求突出以下四个方面的特点。

1. 题型多样

各项目均设有单项选择题、多项选择题、判断题和实务操作题(项目一未涉及实务操作题),便于从不同角度考查学生对知识的掌握情况,培养学生发现问题、分析问题和解决问题的能力。

2. 难易适中

本书相对复杂的习题均给出了对应解析,可以帮助学生加深理解。

3. 覆盖面广

本书习题以不同的题型涵盖大多数重要的知识点,可以帮助学生巩固所学知识。

4. 实用性强

本书联系实际工作中的业务,可使学生通过训练学以致用,缩短理论与实践的距离。

本书共分为13个项目技能训练,包括财务会计认知,货币资金的核算,应收及预付款项的核算,存货的核算,对外投资的核算,固定资产的核算,无形资产与其他长期资产的核算,流动负债的核算,非流动负债的核算,所有者权益的核算,收入、费用及利益的核算,财务会计报告的编制,特殊会计业务的处理。本书是高职高专会计专业、财务管理专业及其他相关专业财务会计教材的首选配套用书。

本书由福建农业职业技术学院的陈小英、杨承亮共同编写。具体的编写分工是:陈小英编写项目一、二、三、四、五、六、七、十、十三;杨承亮编写项目八、九、十一、十二。全书由陈小英总纂定稿。

本书在出版过程中得到了清华大学出版社的大力支持。另外，在编写过程中，我们还参阅了许多财务会计教材，吸收、借鉴与引用了近年来高等职业教育的最新教改成果及有关资料，在此对原著作者表示诚挚的谢意！

　　由于编者水平有限，书中难免有疏漏之处，敬请读者批评指正，以便今后在修订时改正。

编　者

第一版前言

本书是与清华大学出版社同步出版的《财务会计》相配套的技能训练用书，是编者根据多年的教学实践经验编写的，可以配合教学，帮助学生全面、准确地理解《财务会计》的主要内容，并掌握一定的实际操作能力。

本书在编写过程中力求突出以下四个方面的特点。

1. 题型多样

各项目均设有单项选择题、多项选择题、判断题和实务操作题，便于从不同角度考查学生对知识的掌握情况，提高学生发现问题、分析问题和解决问题的能力。

2. 难易适中

本书相对复杂的习题均会给出对应解析，供学生进一步理解。

3. 覆盖面广

本书习题以不同的题型涵盖全书大多数重要的知识点，帮助学生巩固所学知识。

4. 注重实用性

本书联系实际工作中的业务，学生通过训练能学以致用，缩短理论与实践的距离。

本书共分为13个项目技能训练，主要内容包括财务会计认知，货币资金的核算，应收及预付款项的核算，存货的存算，对外投资的核算，固定资产的核算，无形资产与其他长期资产的核算，流动资产的核算，非流动资产的核算，所有者权益的核算，收入、费用及利益的核算，财务会计报告的编制及特殊会计业务的处理。本书是高职高专会计专业和财经管理类相关专业财务会计教材的首选配套用书。

本书由福建农业职业技术学院陈小英担任主编，衡水职业技术学院于春燕、北京农业职业学院张晓红担任副主编。主编负责总体框架的设计，各项目技能训练题初稿的修订和全书总纂与定稿。编写人员的具体分工是：陈小英编写项目一、二、三、四、五、六、七、十、十三；张晓红编写项目八、九；于春燕编写项目十一、十二。

本书在出版过程中得到了清华大学出版社的大力支持。另外，在编写过程中，我们还参阅了许多财务会计教材，吸收、借鉴与引用了近年来高等职业教育的最新教改成果及有关资料，在此一并表示诚挚的谢意！

由于编者水平有限，书中难免有疏漏之处，敬请读者批评指正，以便今后在修订时改正。

编　者

目　　录

项目一　财务会计认知 1
　　一、单项选择题 2
　　二、多项选择题 3
　　三、判断题 5

项目二　货币资金的核算 7
　　一、单项选择题 8
　　二、多项选择题 9
　　三、判断题 11
　　四、实务操作题 12

项目三　应收及预付款项的核算 15
　　一、单项选择题 16
　　二、多项选择题 18
　　三、判断题 19
　　四、实务操作题 19

项目四　存货的核算 21
　　一、单项选择题 22
　　二、多项选择题 24
　　三、判断题 26
　　四、实务操作题 27

项目五　对外投资的核算 31
　　一、单项选择题 32
　　二、多项选择题 36
　　三、判断题 39
　　四、实务操作题 40

项目六　固定资产的核算 43
　　一、单项选择题 44
　　二、多项选择题 46
　　三、判断题 48

四、实务操作题 ... 49

项目七 无形资产与其他长期资产的核算 ... 53
一、单项选择题 ... 54
二、多项选择题 ... 56
三、判断题 ... 57
四、实务操作题 ... 58

项目八 流动负债的核算 ... 61
一、单项选择题 ... 62
二、多项选择题 ... 63
三、判断题 ... 64
四、实务操作题 ... 65

项目九 非流动负债的核算 ... 67
一、单项选择题 ... 68
二、多项选择题 ... 69
三、判断题 ... 70
四、实务操作题 ... 70

项目十 所有者权益的核算 ... 73
一、单项选择题 ... 74
二、多项选择题 ... 76
三、判断题 ... 76
四、实务操作题 ... 77

项目十一 收入、费用及利润的核算 ... 81
一、单项选择题 ... 82
二、多项选择题 ... 84
三、判断题 ... 85
四、实务操作题 ... 86

项目十二 财务会计报告的编制 ... 89
一、单项选择题 ... 90
二、多项选择题 ... 91
三、判断题 ... 93
四、实务操作题 ... 94

项目十三 特殊会计业务的处理 ... 97

一、单项选择题 98
　　二、多项选择题 104
　　三、判断题 110
　　四、实务操作题 113
参考答案 119
参考文献 158

项目一 财务会计认知

【训练目标】

- 了解财务会计的概念。
- 掌握会计基本假设的内容。
- 能够根据会计要素的定义与特征,确认各种会计要素。
- 掌握会计信息质量要求。
- 掌握会计计量属性及其应用原则。

一、单项选择题

1. 根据资产的定义,下列各项中不属于资产特征的是( )。
   A. 资产是企业拥有或控制的经济资源
   B. 资产预期会给企业带来未来经济利益
   C. 资产是由企业过去的交易或事项形成的
   D. 资产能够可靠地计量

2. 企业会计确认、计量和报告应当遵循的会计基础是( )。
   A. 权责发生制　　B. 收付实现制　　C. 持续经营　　D. 货币计量

3. 下列单位应当采用收付实现制进行会计核算的是( )。
   A. 某外资企业　　　　　　　　B. 某个人独资企业
   C. 财政局　　　　　　　　　　D. 慈善基金会下属的实业公司

4. 下列各项中,可使负债增加的是( )。
   A. 发行公司债券　　　　　　　B. 用银行存款购买公司债券
   C. 发行股票　　　　　　　　　D. 支付现金股利

5. 反映企业经营成果的会计要素是( )。
   A. 资产　　　　B. 负债　　　　C. 所有者权益　　D. 费用

6. 下列各项中,不属于收入要素范畴的是( )。
   A. 主营业务收入　　　　　　　B. 提供劳务取得的收入
   C. 销售材料取得的收入　　　　D. 出售无形资产取得的收益

7. 存货采用成本与可变现净值孰低法进行期末计量,体现会计核算的( )。
   A. 历史成本原则　　　　　　　B. 谨慎性原则
   C. 实质重于形式原则　　　　　D. 客观性原则

8. 关于费用,下列说法中错误的是( )。
   A. 费用是指企业在日常活动中发生的、会导致所有者权益减少的、与向所有者分配利润无关的经济利益的总流出
   B. 费用只有在经济利益很可能流出,从而导致企业资产减少或者负债增加,且经济利益的流出额能够可靠计量时才能予以确认
   C. 企业发生的交易或者事项导致其承担了一项负债而又不确认为一项资产的,应当在发生时确认为费用,计入当期损益
   D. 符合费用定义和费用确认条件的项目,应当列入资产负债表

9. 确定会计核算空间范围的基本前提是( )。
   A. 持续经营　　B. 会计主体　　C. 货币计量　　D. 会计分期

10. 企业对于已经发生的交易或者事项,应当及时进行会计确认、计量和报告,不得提前或者延后。这体现了会计信息质量要求的( )。
    A. 及时性　　　B. 相关性　　　C. 谨慎性　　　D. 重要性

11. 企业应当以实际发生的交易或者事项为依据进行会计确认、计量和报告,如实反映符合确认和计量要求的各项会计要素及其他相关信息,保证会计信息真实可靠、内

容完整。这体现了会计信息质量要求的( )。
  A. 及时性   B. 可理解性   C. 相关性   D. 可靠性
12. 企业提供的会计信息应有助于财务会计报告使用者对企业过去、现在或者未来的情况作出评价或者预测。这体现了会计信息质量要求的( )。
  A. 相关性   B. 可靠性   C. 可理解性   D. 可比性
13. 强调某一企业各期提供的会计信息应当采用一致的会计政策,不得随意变更。这体现了会计信息质量要求的( )。
  A. 可靠性   B. 相关性   C. 可比性   D. 可理解性
14. 企业会计核算必须符合国家的统一规定,这是为了满足( )的要求。
  A. 可靠性   B. 可比性   C. 相关性   D. 重要性
15. 企业提供的会计信息应当清晰明了,便于财务会计报告使用者理解和使用。这体现了会计信息质量要求的( )。
  A. 相关性   B. 可靠性   C. 及时性   D. 可理解性
16. 如果会计信息的表达含糊不清,就容易使会计信息的使用者产生歧义,从而降低会计信息的质量。这违背了会计信息质量要求的( )。
  A. 可理解性   B. 相关性   C. 及时性   D. 可靠性
17. 某企业将预收的货款计入"预收账款"账户,在收到款项的当期不确认收入,而在实际发出商品时确认收入。这主要体现的会计基本假设是( )。
  A. 会计主体   B. 持续经营   C. 会计分期   D. 货币计量
18. 企业确认资产或负债应满足有关的经济利益( )流入或流出企业的条件。
  A. 可能   B. 基本确定   C. 很可能   D. 极小可能
19. 明确会计服务对象,界定会计为其服务的特定单位和组织的基本前提是( )。
  A. 会计主体   B. 会计分期   C. 持续经营   D. 货币计量
20. 财务会计提供会计信息的主要方式是( )。
  A. 财务会计报告   B. 媒体宣传材料
  C. 信息发布会   D. 董事会报告

二、多项选择题
1. 反映财务状况的会计要素有( )。
  A. 收入   B. 费用   C. 所有者权益
  D. 资产   E. 负债
2. 会计计量属性主要包括( )。
  A. 历史成本   B. 重置成本   C. 可变现净值
  D. 现值   E. 公允价值
3. 下列有关会计主体的表述中,正确的有( )。
  A. 企业的经济活动应与投资者的经济活动相区分
  B. 会计主体可以是独立的法人,也可以是非法人
  C. 会计主体可以是营利组织,也可以是非营利组织

D. 会计主体必须要有独立的资金，并单独编制财务会计报告对外报送
E. 会计主体限定了会计确认和计量的空间范围

4. 利润金额的确定主要取决于( )金额的计量。
   A. 收入 B. 费用
   C. 直接计入当期利润的利得
   D. 直接计入当期利润的损失
   E. 直接计入所有者权益的利得或损失

5. 会计假设包括( )。
   A. 会计主体 B. 持续经营 C. 历史成本
   D. 会计分期 E. 货币计量

6. 资产具有的特征包括( )。
   A. 由过去的交易或事项形成的
   B. 是企业拥有或控制的
   C. 必须是投资者投入的或是向债权人借入的
   D. 预期会给企业带来经济利益
   E. 必须是以实物形式存在的

7. 流动资产包括( )。
   A. 交易性金融资产 B. 存货 C. 固定资产
   D. 无形资产 E. 长期待摊费用

8. 下列各项中，不应作为负债确认的有( )。
   A. 因购买货物而暂欠外单位的货款
   B. 按照购货合同约定以赊购方式购进货物的货款
   C. 计划向银行借款100万元
   D. 因经济纠纷导致的法院尚未判决且金额无法合理估计的赔偿

9. 可靠性要求做到( )。
   A. 内容完整 B. 数字准确 C. 资料可靠 D. 对应关系清楚

10. 相关性要求所提供的会计信息应( )。
    A. 满足企业内部加强经营管理的需要
    B. 满足国家宏观经济管理的需要
    C. 满足有关各方了解企业财务状况和经营成果的需要
    D. 满足提高全民素质的需要

11. 下列做法中，违背会计核算可比性的有( )。
    A. 鉴于某项固定资产经改良后性能提高，决定延长其折旧年限
    B. 鉴于利润计划完成情况不佳，将固定资产折旧方法由原来的双倍余额递减法改为平均年限法
    C. 鉴于某项专有技术已经陈旧过时，未来不能给企业带来经济利益，将其账面价值一次性核销

D. 鉴于某被投资企业将发生亏损,将该投资由权益法核算改为成本法核算

12. 在有不确定因素情况下作出判断时,下列事项符合谨慎性的有( )。
   A. 设置秘密准备　　　　　　　B. 合理估计可能发生的损失和费用
   C. 充分估计可能取得的收益和利润　D. 不要高估资产和预计收益

13. 下列会计处理方法中,体现谨慎性的做法有( )。
   A. 固定资产采用加速折旧法计提折旧
   B. 计提的各项资产减值准备
   C. 在物价持续下跌的情况下,采用先进先出法计价
   D. 企业自行研发无形资产时,研发过程中的费用于发生时计入当期管理费用

14. 下列属于中期财务会计报告的有( )。
   A. 年度财务会计报告　　　　　B. 半年度财务会计报告
   C. 季度财务会计报告　　　　　D. 月度财务会计报告

15. 下列组织中,可以作为一个会计主体进行会计核算的有( )。
   A. 独资企业　　B. 企业分公司　　C. 企业生产分厂
   D. 集团公司　　E. 合伙企业

16. 在我国会计实务中,会计信息使用者包括( )。
   A. 投资者　　　　　　　　　　B. 国家税务机关
   C. 企业内部管理者　　　　　　D. 债权人
   E. 社会公众

17. 下列各项中,属于损益类账户的有( )。
   A. 投资收益　　B. 生产成本　　C. 所得税费用
   D. 制造费用　　E. 主营业务成本

18. 下列各项中,属于所有者权益的有( )。
   A. 实收资本　　B. 资本公积　　C. 未分配利润
   D. 长期股权投资　E. 应收账款

三、判断题

1. 谨慎性要求企业不仅要核算可能发生的收入,也要核算可能发生的费用和损失,以对未来的风险进行充分核算。　　　　　　　　　　　　　　　　　( )

2. 负债增加,则资产一定增加。　　　　　　　　　　　　　　　　　( )

3. 会计核算的可比性要求之一是,同一会计主体在不同时期尽可能采用相同的会计程序和会计处理方法,以便于不同会计期间会计信息的纵向比较。　　( )

4. 明晰性是指企业提供的会计信息应当与会计信息的使用者的经营决策需要相关。　　　　　　　　　　　　　　　　　　　　　　　　　　　( )

5. 一项会计事项重要性的确认在很大程度上取决于企业会计人员的职业判断。( )

6. 法律主体必定是会计主体,会计主体也必定是法律主体。　　　　　( )

7. 按照谨慎性的要求,企业可以合理估计可能发生的损失和费用,因此企业可以任意提取各种准备。　　　　　　　　　　　　　　　　　　　　　( )

8. 对于重要的交易或事项，应当单独、详细反映；对于不重要、不会导致投资者等有关各方决策失误或误解的交易或事项，可以合并、粗略反映，以节省提供会计信息的成本。（   ）

9. 我国《企业会计准则》规定，所有单位都应以权责发生制为基础进行核算。（   ）

10. 财务会计报告包括会计报表及其附注和其他应当在财务会计报告中披露的相关信息和资料。（   ）

11. 资产按流动性不同可以分为流动资产和固定资产。（   ）

12. 应收及预收款是资产，应付及预付款是负债。（   ）

13. 会计上所讲的费用是狭义的，是指企业为销售商品、提供劳务等日常活动中所发生的经济利益的流出。（   ）

14. 负债是指由企业过去的交易或者事项形成的、预期会导致经济利益流出企业的现时义务。（   ）

15. 出售无形资产取得收益会导致经济利益的流入，因此它属于《企业会计准则》所定义的"收入"范畴。（   ）

16. 利润是企业在日常活动中取得的经营成果，因此它不应包括企业在偶发事件中产生的利得和损失。（   ）

17. 在企业负债金额既定的情况下，企业本期净资产的增减额就是企业当期的利润额或发生的亏损额。（   ）

18. 企业在对会计要素进行计量时，一般应当采用历史成本，采用重置成本、可变现净值、现值、公允价值计量的，应当保证所确定的会计要素金额能够取得并可靠计量。（   ）

19. 债权人权益和投资者权益是同一问题的两种不同表述，两者享有相同的权利和责任。（   ）

20. 会计上所讲的收入通常包括为第三方或者客户代收的款项。（   ）

项目二 货币资金的核算

【训练目标】

- 明确现金和银行存款管理的主要内容。
- 熟悉库存现金和银行存款日记账的设置和登记方法。
- 了解各种转账结算方式。
- 熟练掌握库存现金、银行存款和其他货币资金收支业务的账务处理,库存现金清查的核算,银行存款的清查核对方法。

一、单项选择题

1. 如果发现现金短款，应贷记(   )。
   A. "其他应收款"账户
   B. "待处理财产损溢——待处理流动资产损溢"账户
   C. "库存现金"账户
   D. "应收账款"账户
2. 银行汇票是由(   )签发的。
   A. 企业　　　　B. 收款人　　　　C. 银行　　　　D. 持票人
3. 银行汇票付款期限为自出票日起(   )。
   A. 1个月　　　B. 2个月　　　　C. 3个月　　　D. 6个月
4. 使用银行本票支付各种款项，适用于(   )。
   A. 不同票据交换区域　　　　　　B. 同一票据交换区域
   C. 同域和异地均可　　　　　　　D. 异地票据交换区域
5. 银行本票的付款期限为自出票日起最长不超过(   )。
   A. 1个月　　　B. 2个月　　　　C. 3个月　　　D. 6个月
6. 商业汇票的付款期限最长不得超过(   )。
   A. 2个月　　　B. 3个月　　　　C. 6个月　　　D. 1年
7. 在支票结算中，既可用于转账也可用于支取现金的是(   )。
   A. 现金支票　　B. 转账支票　　　C. 普通支票　　D. 划线支票
8. 对银行已入账而企业未入账的未达账项，企业应当(   )。
   A. 根据银行对账单金额入账
   B. 根据银行存款余额调节表和银行对账单自制原始凭证入账
   C. 在编制银行存款余额调节表时入账
   D. 待有关凭证到达时入账
9. 支票的提示付款期限为自出票日起(   )。
   A. 3日　　　　B. 5日　　　　　C. 10日　　　　D. 20日
10. 信用卡中单位卡账户的资金一律从(   )转账存入。
    A. 一般存款账户　　　　　　　　B. 基本存款账户
    C. 专用存款账户　　　　　　　　D. 临时存款账户
11. 企业一般不得从本单位的现金中直接支付现金，因特殊情况需要支付现金的，应事先报(   )审查批准。
    A. 企业负责人　　　　　　　　　B. 上级主管部门
    C. 开户银行　　　　　　　　　　D. 财税部门
12. 在企业银行账户中，不能办理现金支取的账户是(   )。
    A. 基本存款账户　　　　　　　　B. 临时存款账户
    C. 专用存款账户　　　　　　　　D. 一般存款账户

13. 托收承付结算办法规定，验货付款的承付期为( )。
    A. 3 天   B. 5 天   C. 10 天   D. 15 天
14. 企业办理日常结算和现金收付的账户是( )。
    A. 基本存款账户   B. 一般存款账户
    C. 临时存款账户   D. 专用存款账户
15. 企业因特定用途需要开立的账户为( )。
    A. 一般存款账户   B. 临时存款账户
    C. 基本存款账户   D. 专用存款账户
16. 不属于现金使用范围的是( )。
    A. 支付职工福利费   B. 结算起点以下的零星支出
    C. 向个人收购农产品   D. 支付银行借款利息
17. 实行定额备用金制度，报销时编制会计分录为( )。
    A. 借记"管理费用"账户，贷记"库存现金"账户
    B. 借记"备用金"账户，贷记"库存现金"账户
    C. 借记"管理费用"账户，贷记"备用金"账户
    D. 借记"库存现金"账户，贷记"备用金"账户
18. 银行承兑汇票的承兑人是( )。
    A. 购货单位   B. 购货单位开户银行
    C. 销货单位   D. 销货单位开户银行
19. 下列支付结算方式中，需签订购销合同才能使用的是( )。
    A. 银行汇票   B. 银行本票   C. 托收承付   D. 支票
20. 企业对无法查明原因的现金溢余，经批准后应转入( )账户。
    A. 主营业务收入   B. 其他业务收入
    C. 其他应付款   D. 营业外收入

二、多项选择题
1. 企业的货币资金包括( )。
    A. 库存现金   B. 应收票据   C. 银行存款   D. 其他货币资金
2. 下列各项中，属于其他货币资金的是( )。
    A. 外埠存款   B. 银行汇票存款
    C. 银行本票存款   D. 信用卡存款
    E. 存出投资款
3. 根据现行银行结算办法的规定，必须在商品交易或者在商品交易的同时附带提供劳务的情况下才能使用的结算方式有( )。
    A. 委托收款   B. 汇兑   C. 托收承付   D. 商业汇票
4. 商业承兑汇票可以由( )。
    A. 付款人签发并承兑
    B. 银行签发并承兑

C. 收款人签发，由付款人承兑
D. 银行承兑，由在银行开立存款账户的存款人签发

5. 商业汇票按承兑人不同可分为( )。
   A. 收款人承兑汇票　　　　　　B. 付款人承兑汇票
   C. 商业承兑汇票　　　　　　　D. 银行承兑汇票

6. 支票分为( )。
   A. 现金支票　　B. 转账支票　　C. 普通支票　　D. 特殊支票

7. 信用卡按使用对象不同可分为( )。
   A. 企业卡　　　B. 单位卡　　　C. 个人卡　　　D. 集体卡

8. 使用托收承付结算方式的收付双方必须是( )。
   A. 国有企业　　　　　　　　　B. 供销合作社
   C. 个体工商户
   D. 经营管理较好，并经开户银行审查同意的集体所有制工业企业

9. 不得办理托收承付的款项为( )。
   A. 因商品交易而产生的劳务供应的款项
   B. 代销商品的款项
   C. 寄销商品的款项
   D. 赊销商品的款项

10. 企业的其他货币资金包括( )。
    A. 银行存款　　　　　　　　　B. 外埠存款
    C. 银行汇票存款　　　　　　　D. 银行本票存款

11. 现金溢缺的核算涉及的会计科目有( )。
    A. 其他应收款　　B. 财务费用　　C. 营业外收入
    D. 营业外支出　　E. 待处理财产损溢

12. 下列可通过背书手续转让的有( )。
    A. 支票　　　　B. 商业汇票　　C. 信用卡　　　D. 银行汇票

13. 可以支取现金的业务有( )。
    A. 向个人收购农产品　　　　　B. 各种劳保支出
    C. 差旅费支出　　　　　　　　D. 缴纳税金
    E. 偿还短期借款

14. 企业的未达账项包括( )。
    A. 企业已经收款入账，而银行尚未收款入账的事项
    B. 企业已经付款入账，而银行尚未付款入账的事项
    C. 银行已经收款入账，而企业尚未入账的事项
    D. 银行已经付款入账，而企业尚未入账的事项

15. 下列存款中，应在"其他货币资金"账户核算的有( )。
    A. 外埠存款　　　　　　　　　B. 银行汇票存款

C. 信用卡存款　　　　　　　　D. 商业汇票

E. 临时存款

16. 下列行为中，不符合结算有关规定的有(　　)。

A. 用现金支付出差人员的差旅费

B. 用现金支付向个人采购的农副产品货款

C. 持信用卡在结算单位支取现金

D. 签发的支票金额超过企业的银行存款余额

E. 用现金颁发给个人的科学技术奖

17. 企业的存款账户分为(　　)。

A. 基本存款账户　　　　　　　B. 一般存款账户

C. 临时存款账户　　　　　　　D. 专用存款账户

18. 产生银行存款日记账余额与银行对账单余额不一致的原因有(　　)。

A. 银行会计人员记账有误

B. 企业会计人员记账有误

C. 销售产品时，银行已记账，企业尚未记账

D. 企业开出转账支票已记账，但持票人尚未到银行办理转账

E. 企业与银行都未记账

三、判断题

1. 我国会计上所说的"现金"一般是指企业的库存现金。（　　）
2. 银行汇票不可以背书转让。（　　）
3. 商业汇票只能用于劳务结算，不可以用于商品交易的结算。（　　）
4. 商业汇票的付款期限最长不得超过一年。（　　）
5. 支票结算方式是异地结算中使用得比较广泛的一种结算方式。（　　）
6. 转账支票只能用于转账，而现金支票既可以转账也可以支取现金。（　　）
7. 汇兑结算方式适用于同城之间的各种款项的结算。（　　）
8. 委托收款结算方式在同城或异地均可使用。（　　）
9. 办理托收承付的款项必须是商品交易。（　　）
10. 企业可以根据需要用收入的现金直接支付。（　　）
11. 狭义的库存现金是指企业库存的人民币现金，不包括外币现金。（　　）
12. 任何情况下，企业一律不准坐支现金。（　　）
13. 每日终了，企业必须将库存现金日记账的余额与库存现金的实际库存数进行核对，做到账实相符。（　　）
14. 每个企业只能在银行开立一个基本存款账户，企业的工资、奖金等现金的支取只能通过该账户办理。（　　）
15. 同城或异地的商品交易、劳务供应均可采用银行本票结算方式进行。（　　）
16. 转账支票可以用来转账，也可以用于支取现金。（　　）
17. 商业承兑汇票的承兑人是购货企业的开户银行。（　　）

18. 普通支票左上角划两条平行线的，只能用来转账，不能提取现金。（ ）
19. 委托收款和托收承付结算方式都受结算金额起点的限制。（ ）
20. 商业承兑汇票到期日付款人账户存款不足支付时，开户银行应代为付款。（ ）

四、实务操作题

1. 某企业发生如下经济业务。

(1) 开出现金支票一张，从银行提取现金 3 000 元。

(2) 行政管理部门员工王平出差，借支差旅费 2 000 元，以现金支付。

(3) 收到甲单位交来的转账支票一张，金额 60 000 元，用以归还上月所欠货款，支票已送存银行。

(4) 从乙企业采购 B 材料，收到的增值税专用发票标明：价款 200 000 元，增值税税额 26 000 元。企业采用汇兑结算方式将款项 226 000 元付给乙企业，该材料已验收入库。

(5) 企业开出转账支票一张，归还前欠丙单位货款 10 000 元。

(6) 企业向丁单位销售产品一批，价款 10 000 元，增值税税额 1 300 元，已向银行办妥委托收款手续。

(7) 员工王平出差回来报销差旅费，原借支 2 000 元，实际报销 2 200 元，差额 200 元用现金补付。

(8) 将现金 26 000 元送存银行。

(9) 企业收到银行转来的收款通知，丁单位前欠货款及增值税税额共计 11 300 元已收妥。

(10) 企业从百货公司购买办公用品 1 500 元，开出转账支票支付款项。

(11) 企业从乙企业采购 B 材料一批，价款 40 000 元，增值税税额 5 200 元，双方约定采用托收承付结算方式验单付款。现企业收到银行转来的托收承付结算凭证和所附单据，经审核无误，在 3 天期满时承付，但材料尚未收到。

(12) 企业向丁单位销售产品一批，开出的增值税专用发票标明：价款 100 000 元，增值税税额 13 000 元，共计 113 000 元。现收到对方开出的金额 113 000 元、为期两个月的商业承兑汇票一张。

(13) 企业在现金清查中，发现现金短缺 600 元，原因待查。

(14) 上述现金短款原因已查明，系出纳员工作失职造成，当即交回现金 600 元，已作赔偿。

要求：根据以上经济业务编制会计分录。

2. 某企业 2020 年 7 月 31 日银行存款日记账账面余额为 665 000 元，银行对账单上企业存款余额为 668 500 元，经逐笔核对，发现以下未达账项。

(1) 企业开出支票 1 000 元，持票人尚未到银行办理转账。

(2) 企业送存支票 6 400 元，银行尚未入账。

(3) 银行划转企业银行借款利息 600 元，尚未通知企业。

(4) 企业委托银行代收款项 10 000 元，银行已收款入账，但尚未通知企业。

(5) 银行代企业支付的电话费 500 元，尚未通知企业。

要求：根据以上资料编制银行存款余额调节表。

3. 某企业发生如下经济业务。

(1) 委托银行开出银行汇票，票面金额 50 000 元，有关手续已办妥，采购员郑伟持票到外地甲市采购材料。

(2) 企业派采购员陈晨到外地乙市采购材料，委托银行汇款 120 000 元，到乙市开立采购账户。

(3) 郑伟在甲市的采购结束，收到的增值税专用发票标明：材料价款 50 000 元，增值税税额 6 500 元，款项共计 56 500 元，材料已验收入库。用银行汇票支付 50 000 元，差额 6 500 元采用汇兑结算方式补付。

(4) 陈晨在乙市的采购结束，收到的增值税专用发票标明：材料价款 100 000 元，增值税税额 13 000 元，款项共计 113 000 元，材料已验收入库。同时接到银行多余款收账通知，退回余款 7 000 元。

(5) 委托银行开出银行本票，票面金额 50 000 元，有关手续已办妥。

(6) 企业购买办公用品 3 500 元，用信用卡付款。收到银行转来的信用卡存款的付款凭证及所付账单，经审核无误。

要求：根据以上经济业务编制会计分录。

项目三 应收及预付款项的核算

【训练目标】

- 了解应收票据的分类,熟练掌握应收票据的相关计算与核算。
- 掌握应收账款的确认与核算、坏账的确认及坏账准备的计算与核算。
- 熟悉预付账款、其他应收款项的核算。

一、单项选择题

1. 采购人员预借差旅费，以现金支付，应借记(　　)账户核算。
   A. 现金　　　　　　　　　　　B. 管理费用
   C. 其他应收款　　　　　　　　D. 其他应付款

2. 预付货款不多的企业，可以将预付的货款直接记入(　　)的借方，而不单独设置"预付账款"账户。
   A. "应收账款"账户　　　　　　B. "其他应收款"账户
   C. "应付账款"账户　　　　　　D. "应收票据"账户

3. 在总价法下，应收账款入账价值中不应包括(　　)。
   A. 增值税销项税额　　　　　　B. 代购买方垫付的运杂费
   C. 可能给予客户的现金折扣　　D. 给予客户的商业折扣

4. 某公司赊销商品一批，按价目表的价格计算，货款金额500 000元，给买方的商业折扣为5%，规定的付款条件为2/10、n/30，适用的增值税税率为13%。代垫运杂费10 000元(假设不作为计税基础)。该公司按总价法核算时，"应收账款"账户的入账金额为(　　)元。
   A. 595 000　　　B. 585 000　　　C. 554 635　　　D. 546 750

5. 某企业按销货百分比法计提坏账准备。2020年赊销金额为500 000元，根据以往资料和经验，估计坏账损失率为6‰，企业在计提坏账准备前，坏账准备账户有借方余额1 000元。该企业2020年应计提的坏账准备金额为(　　)元。
   A. 30 000　　　B. 31 000　　　C. 0　　　D. 29 000

6. 在总价法下，销货方给予客户的现金折扣，会计上应该作为(　　)处理。
   A. 营业外支出　　　　　　　　B. 冲减销售收入
   C. 财务费用　　　　　　　　　D. 产品销售费用

7. 如果某项应收款项的可收回性与其他各项应收款项存在明显的差别(如债务单位所处的特定地区等)，导致该项应收款项如果按照与其他应收款项同样的方法计提坏账准备，将无法真实地反映其可收回金额的，可对该项应收款项采用(　　)计提坏账准备。
   A. 个别认定法　　　　　　　　B. 应收账款余额百分比法
   C. 销货百分比法　　　　　　　D. 账龄分析法

8. 在我国，企业收到的商业汇票应以(　　)计价。
   A. 到期值的现值　　　　　　　B. 到期值
   C. 面值　　　　　　　　　　　D. 贴现值

9. 应收票据到期，如果因付款人无力支付票款，票据由银行退回，收款单位应做的会计分录是(　　)。
   A. 借：应收票据　　　　　　　B. 借：应收账款
      贷：银行存款　　　　　　　　 贷：应收票据
   C. 借：应收账款　　　　　　　D. 借：银行存款
      贷：银行存款　　　　　　　　 贷：应收票据

10. 一张 5 月 26 日签发的 30 天的票据,其到期日为( )。
    A. 6 月 25 日　　　B. 6 月 26 日　　　C. 6 月 27 日　　　D. 6 月 24 日
11. 某企业 2020 年 11 月 1 日收到一张商业承兑汇票,票面金额为 100 000 元,年利率为 6%,期限为 6 个月。年末,资产负债表上列示的"应收票据"项目金额为( )元。
    A. 100 000　　　B. 101 000　　　C. 103 000　　　D. 100 500
12. 2020 年 7 月 2 日,某企业携一张带息应收票据到银行贴现。该票据面值为 1 000 000 元,2020 年 6 月 30 日已计利息 1 000 元,尚未计提利息 1 200 元,银行贴现息为 900 元。该应收票据贴现时计入财务费用的金额为( )元。
    A. -300　　　B. -100　　　C. -1 300　　　D. 900
13. 2019 年年末企业应收账款余额为 60 万元;2020 年收回已转销的坏账 1 万元,年末应收账款余额为 90 万元。该企业按 5% 的比例计提坏账准备,2020 年年末应计提的坏账准备为( )元。
    A. 30 000　　　B. 45 000　　　C. 44 000　　　D. 5 000
14. "应收账款"科目所属明细科目期末有贷方余额,应在资产负债表( )项目内填列。
    A. 预付账款　　　B. 应付账款　　　C. 应收账款　　　D. 预收账款
15. 下列应收、暂付款项中,不通过"其他应收款"账户核算的是( )。
    A. 应收保险公司的赔款　　　B. 应收出租包装物的租金
    C. 应向职工收取的各种垫付款项　　　D. 应向购货方收取的代垫运杂费
16. 某企业年末"应收账款"账户的借方余额为 600 万元,其中,"应收账款"明细账的借方余额为 800 万元,贷方余额为 200 万元。年末计提坏账准备后的"坏账准备"账户的贷方余额为 15 万元。假定不考虑其他应收款计提坏账准备因素,该企业年末资产负债表中"应收账款"项目的金额为( )万元。
    A. 585　　　B. 600　　　C. 785　　　D. 800
17. 企业在购买材料时,若采用银行承兑汇票结算货款,则支付的银行承兑手续费应计入( )。
    A. 材料采购成本　　　B. 应付票据
    C. 管理费用　　　D. 财务费用
18. 某企业按合同规定预付货款 10 000 元购买原材料,并通过"预付账款"科目核算。最后结算时,购入原材料的实际价款为 12 000 元,则支付 2 000 元差价时的会计分录为( )。
    A. 借:预付账款　　2 000　　　B. 借:原材料　　2 000
　　　贷:银行存款　　2 000　　　　　贷:银行存款　　2 000
    C. 借:材料采购　　2 000　　　D. 借:应付账款　　2 000
　　　贷:银行存款　　2 000　　　　　贷:银行存款　　2 000
19. 应收账款的入账价值不包括( )。
    A. 销售货物或提供劳务的货款　　　B. 代购货方垫付的运杂费
    C. 应收客户违约的罚款　　　D. 销售货物或提供劳务应收的增值税

20. 某企业销售商品的现金折扣条件是"2/10，1/20，n/30"。如果企业销售货物 2 000 元，客户在第 11 天归还货款，则企业收到的货款为(　　)元。
　　A. 2 000　　　　B. 1 960　　　　C. 1 980　　　　D. 1 970

二、多项选择题

1. 根据我国的会计制度，通过"应收票据"账户核算的票据有(　　)。
　　A. 银行票据　　　　　　　　　B. 银行本票
　　C. 支票　　　　　　　　　　　D. 商业承兑汇票
　　E. 银行承兑汇票

2. 带息应收票据贴现时，影响其贴现款的因素有(　　)。
　　A. 票据的面值　　　　　　　　B. 票据的利息
　　C. 贴现率　　　　　　　　　　D. 票据的期限
　　E. 贴现日至到期日的时间

3. 企业的应收账款不应包括(　　)。
　　A. 预付分公司款　　　　　　　B. 应收利息
　　C. 超过一年的应收分期销货款　D. 对职工的预付款

4. 在总价法下，(　　)。
　　A. 销售收入以实际售价入账　　B. 应收账款以实际售价入账
　　C. 销售收入以报价入账　　　　D. 应收账款以报价入账

5. 企业的预付账款可以通过(　　)账户进行核算。
　　A. 预付账款　　　　　　　　　B. 应付账款
　　C. 其他应收款　　　　　　　　D. 其他应付款
　　E. 应收账款

6. 如果带息票据的利率与贴现率相同，则贴现款(　　)。
　　A. 一定等于票面额　　　　　　B. 可能等于票面额
　　C. 可能小于票面额　　　　　　D. 与贴现期长短无关
　　E. 可能大于票面额

7. 采用备抵法首先要按期估计坏账损失，在会计实务中，按期估计坏账损失的方法一般有(　　)。
　　A. 销售百分比法　　　　　　　B. 销货百分比法
　　C. 应收账款余额百分比法　　　D. 账龄分析法

8. 下列内容中，应在"坏账准备"账户的贷方反映的有(　　)。
　　A. 提取的坏账准备
　　B. 发生的坏账损失
　　C. 收回已确认为坏账并转销的应收账款
　　D. 冲回多提的坏账准备

9. 按现行制度规定，不能用"应收票据"及"应付票据"核算的票据包括(　　)。
　　A. 银行本票存款　　　　　　　B. 银行承兑汇票

C. 商业承兑汇票　　　　　　D. 银行汇票存款
10. 应收款项的报表项目填制方法中需要分析填列的有(　　)。
   A. 应收账款　　B. 预付账款　　C. 其他应收款　　D. 应收股利

三、判断题

1. 一般地，如果应收票据的利息金额较大，对企业的财务成果有较大影响，应按月计提利息；如果应收票据的利息金额不大，对企业的财务成果的影响也较小，可以于票据到期时一次冲减财务费用。(　　)
2. 按月计提应收票据利息时，应借记"应收利息"账户，贷记"财务费用"账户。(　　)
3. 无论应收票据是否计息，企业从银行获得的贴现款一定小于应收票据的面值。(　　)
4. 在我国会计实务中，带息应收票据贴现时，应将其贴现息直接计入当期损益。(　　)
5. 我国会计制度规定，应收账款的入账金额应该包括商业折扣，但不包括现金折扣。(　　)
6. 在发生现金折扣的情况下，销项税额应以未扣除现金折扣后的不含税销售额为计算基础。(　　)
7. 采用直接转销法和备抵法核算坏账损失，二者对当年损益的影响不同。(　　)
8. 根据我国会计制度的有关规定，在提取应收账款坏账准备时，除有确凿证据表明该应收账款不能收回，或收回的可能性不大外，当年发生的应收账款不能全额计提坏账准备。(　　)
9. 预付账款属于企业的流动资产，期末应列示于资产负债表流动资产项下的预付账款项目，如果是贷方余额，则以负数表示。(　　)
10. 某企业持有一张面值为 100 000 元、年利率为 8%的商业汇票，出票日为 3 月 15 日，期限为 60 天，则票据到期日为 5 月 16 日。(　　)

四、实务操作题

1. 2020 年 12 月 20 日，甲公司向乙公司出售商品，价值 100 000 元，条件是"2/10，1/20，n/30"。12 月 25 日收到货款的 50%。

   要求：请采用总价法编制甲公司上述业务的会计分录。

2. 红星公司 2019 年 12 月 31 日应收账款余额为 150 000 元，该公司采用应收账款余额百分比法计提坏账损失，坏账准备提取比例为 1%。2020 年的有关资料如下。

   (1) 公司采购员陈某到外地采购，公司汇款 100 000 元存入当地银行。
   (2) 公司出售商品一批，价款 80 000 元，增值税税额 10 400 元，商品已发出，款项暂时未收。
   (3) 收到远宏公司交来的欠款 60 000 元，存入银行。
   (4) 公司向银行申请一张金额为 50 000 元的银行本票，款项从银行存款账户中扣除。
   (5) 公司持本票采购商品，价款 17 000 元，支付增值税进项税额 2 210 元，并以银行存款向运输部门支付运费 1 500 元。

(6) 公司向永荣公司销售商品一批，价款 140 000 元，应收增值税销项税额 18 200 元。公司收到永荣公司开出的一张面值为 158 200 元、时间为 6 个月、年利率为 5% 的商业汇票。

(7) 公司收到富强公司开出的面值为 50 000 元、期限为 3 个月、年利率为 5% 的银行承兑汇票一张，用于抵付以前的应收账款。

(8) 接到银行通知，公司持有汇联公司一张面值为 50 000 元、时间为 6 个月、年利率为 5% 的商业承兑汇票遭到拒付。

(9) 公司从友谊公司采购商品一批，价款 44 247.79 元，增值税税额 5 752.21 元，公司将持有的应向富强公司收款的面值 50 000 元的票据背书转让给友谊公司。

(10) 公司确认本期无法收回的应收账款 20 000 元，经董事会批准同意注销。

(11) 2019 年确认核销的美林公司应收账款 2020 年又收回了 10 000 元。

(12) 计算应收账款期末余额及本期应计提的坏账准备，并作出相应的会计处理。

要求：根据上述资料，编制相关会计分录。

项目四 存货的核算

【训练目标】

- 了解存货的概念、性质。
- 掌握存货入账价值的确定方法、存货发出的各种计价方法以及期末存货的计价方法。
- 熟练掌握原材料按实际成本核算和按计划成本核算的账务处理方法。
- 熟悉委托加工物资、低值易耗品、包装物的核算。
- 了解存货清查的意义,掌握存货清查结果的账务处理方法。

一、单项选择题

1. 下列原材料相关损失项目中，应计入管理费用的是（　　）。
   A. 计量差错引起的原材料盘亏
   B. 自然灾害造成的原材料损失
   C. 原材料运输途中发生的合理损耗
   D. 人为责任造成的原材料损失

2. 甲企业为增值税一般纳税企业，增值税税率为13%，因销售商品出租给乙企业包装物一批，收取押金4 746元。因乙企业逾期未退还租用的包装物，按协议规定，甲企业没收全部押金4 746元。甲企业记入"其他业务收入"账户的金额为（　　）元。
   A. 4 680　　　　　B. 4 200　　　　　C. 3 884.4　　　　　D. 680

3. 若包装物采用一次摊销法核算，当出借的包装物不能继续使用而报废时，应将其残值（　　）。
   A. 计入营业外支出　　　　　B. 冲减营业外收入
   C. 冲减销售费用　　　　　　D. 冲减其他业务成本

4. 属于定额内损耗的材料盘亏，经批准后可转作（　　）。
   A. 生产成本　　B. 管理费用　　C. 营业外支出　　D. 其他应收款

5. 成本与可变现净值孰低法是指按成本与可变现净值两者之中较低者对（　　）计价的方法。
   A. 购时存货　　B. 发出存货　　C. 销售成本　　D. 期末存货

6. 按照有关规定，企业发生的原材料盘亏或毁损中，不应作为管理费用列支的是（　　）。
   A. 自然灾害造成的净损失　　　　B. 保管中发生的定额内净损失
   C. 收发计量造成的盘亏损失　　　D. 管理不善造成的盘亏损失

7. 某企业2019年12月31日存货的账面余额为20 000元，预计可变现净值为19 000元。2020年12月31日存货的账面余额仍为20 000元，预计可变现净值为21 000元，则2020年年末应冲减的存货跌价准备为（　　）元。
   A. 1 000　　　　　B. 2 000　　　　　C. 9 000　　　　　D. 3 000

8. 企业某种存货的期初实际成本为200万元，期初"存货跌价准备"账户贷方余额2.5万元，本期购入该种存货实际成本45万元，领用150万元，期末估计库存该种存货的可变现净值为91万元。则本期应计提存货跌价准备额为（　　）万元。
   A. 1.5　　　　　B. 2.5　　　　　C. 4　　　　　D. 9

9. 下列各项中，不应计入存货实际成本的是（　　）。
   A. 用于继续加工的委托加工应税消费品收回时支付的消费税
   B. 小规模纳税企业委托加工物资收回时所支付的增值税
   C. 发出用于委托加工的物资在运输途中发生的合理损耗
   D. 商品流通企业外购商品时所发生的合理损耗

10. 下列各项中，不应计入存货实际成本的是( )。
    A. 用于直接对外销售的委托加工应税消费品收回时支付的消费税
    B. 材料采购过程中发生的非合理损耗
    C. 发出用于委托加工的物资在运输途中发生的保险费
    D. 商品流通企业外购商品时所支付的运杂费等相关费用

11. A公司委托B企业将一批原材料加工为半成品(为应税消费品)，进一步加工为应税消费品。企业发出委托加工用材料20 000元，需支付运费1 000元、加工费12 000元，增值税税率13%，消费税税率10%。假设双方均为一般纳税企业。A公司收回半成品时的成本为( )元。
    A. 32 000   B. 33 000   C. 35 040   D. 36 555

12. 甲材料月初结存存货3 000元，本月增加存货4 000元；月初数量1 500件，本月增加2 500件。那么，甲材料本月的加权平均单位成本为( )元/件。
    A. 2   B. 1.75   C. 1.6   D. 2.5

13. 某公司为增值税小规模纳税人，原材料采用计划成本核算，甲材料计划成本每吨为20元。本期购进甲材料6 000吨，收到的增值税专用发票上注明的价款总额为102 000元，增值税税额为13 260元，另发生运杂费用1 400元，途中保险费用359元。原材料运抵企业后验收入库原材料5 995吨，运输途中合理损耗5吨。购进甲材料发生的成本差异(节约)为( )元。
    A. 1 099   B. 2 881   C. 16 141   D. 16 241

14. 2020年12月31日，某公司库存原材料——A材料的账面价值(成本)为350万元，市场购买价格总额为280万元，预计销售发生的相关税费为10万元；用A材料生产的产成品W型机器的可变现净值高于成本，则2020年年末A材料的账面价值为( )万元。
    A. 350   B. 280   C. 270   D. 290

15. 某企业11月1日存货结存数量为200件，单价为4元；11月2日发出存货150件；11月5日购进存货200件，单价为4.4元；11月7日发出存货100件。在对存货发出采用先进先出法的情况下，11月7日发出存货的实际成本为( )元。
    A. 400   B. 420   C. 430   D. 440

16. 某企业为增值税一般纳税人，原材料采用实际成本法核算。购入A种原材料1 000吨，收到的增值税专用发票上注明的价款为800万元，增值税税额为104万元。另发生运杂费用11.36万元，装卸费用4万元，途中保险费用3万元。原材料运抵企业后，验收入库原材料998吨，运输途中发生合理损耗2吨，则该原材料的实际单位成本为( )万元。
    A. 0.8   B. 0.81   C. 0.82   D. 0.83

17. 某公司为增值税一般纳税人。2020年6月1日"材料成本差异"账户借方余额为2 000元，"原材料"账户余额为400 000元；本月购入原材料60 000千克，计划单位成本10元。增值税专用发票上注明的价款为550 000元，增值税税额为71 500元，销货方给予的现金折扣条件为：2/10，n/30，该公司在折扣期限内支付了全部的价款和税款。

另外还支付运杂费 8 000 元，保险费 50 000 元，途中仓储费 2 000 元；本月生产领用原材料 50 000 千克，在建工程领用原材料 20 000 千克，则该公司 2020 年 6 月 30 日结存的原材料实际成本为(　　)元。

  A. 300 000 B. 3 230 000 C. 303 600 D. 320 500

18. 甲公司期末原材料的账面余额为 100 万元，数量为 10 吨。该原材料专门用于生产与乙公司所签合同约定的 20 台 Y 产品。该合同约定：甲公司为乙公司提供 Y 产品 20 台，每台售价 10 万元(不含增值税，本题下同)。将该原材料加工成 20 台 Y 产品尚需加工成本总额 85 万元。估计销售每台 Y 产品尚需发生相关税费 1.5 万元(不含增值税，本题下同)。本期期末市场上该原材料每吨售价为 9 万元，估计销售每吨原材料尚需发生相关税费 0.1 万元，则期末该原材料的可变现净值为(　　)万元。

  A. 85 B. 89 C. 100 D. 105

19. 2020 年 8 月甲公司与乙公司签订了一份不可撤销销售合同，合同约定甲公司 2021 年 2 月向乙公司销售 A 产品 8 台，每台售价 65 万元。2020 年 12 月 31 日，甲公司库存 A 产品 6 台，账面价值为 372 万元，2020 年 12 月 31 日 A 产品的市场销售价格为每台 64 万元。预计销售 6 台 A 产品须发生销售税费 24 万元，则 2020 年 12 月 31 日甲公司应计提的存货跌价准备为(　　)万元。

  A. 0 B. 6 C. 9 D. 12

20. 2020 年年末，某公司决定将用于生产 C 产品的甲材料对外出售，2020 年 12 月 31 日，甲材料库存 10 000 千克，成本为 200 万元。该材料目前的市场价格为 190 元/千克，同时销售该材料可能发生销售税费 2 万元，则 2020 年 12 月 31 日甲材料的账面价值应为(　　)万元。

  A. 200 B. 198 C. 190 D. 188

二、多项选择题

1. 在我国的会计实务中，下列项目中构成企业存货实际成本的有(　　)。
  A. 支付的买价
  B. 入库后的挑选整理费
  C. 运输途中的合理损耗
  D. 一般纳税人购货时的增值税进项税额
  E. 加工货物收回后直接用于销售的消费税

2. 下列各项中，应计入企业存货成本的有(　　)。
  A. 进口原材料支付的关税 B. 生产过程中发生的制造费用
  C. 原材料入库前的挑选整理费用 D. 自然灾害造成的原材料净损失

3. 计算可变现净值时，应从预计售价中扣除的项目有(　　)。
  A. 出售前发生的行政管理人员的工资
  B. 存货的账面成本
  C. 销售过程中估计发生的销售费用
  D. 出售前进一步加工的加工费

4. 下列项目中，应作为销售费用处理的有(　　)。
   A. 随同商品出售，不单独计价的包装物的成本
   B. 随同商品出售，单独计价的包装物的成本
   C. 出租包装物的摊销价值
   D. 出借包装物的摊销价值
5. 下列各项中，增值税一般纳税企业应计入收回委托加工物资成本的有(　　)。
   A. 支付的加工费
   B. 随同加工费支付的增值税
   C. 支付的收回后继续加工应税消费品的委托加工物资的消费税
   D. 支付的收回后直接销售的委托加工物资的消费税
6. 下列项目中，应构成一般纳税企业委托加工物资成本的有(　　)。
   A. 发出用于加工的材料成本　　B. 支付的加工费
   C. 支付的往返运杂费　　D. 支付的加工物资的增值税税款
   E. 支付的加工物资收回后直接用于销售的消费税税款
7. 在计划成本法下，下列项目中，应记入"材料成本差异"账户贷方的有(　　)。
   A. 购入材料时，实际成本大于计划成本的差额
   B. 购入材料时，实际成本小于计划成本的差额
   C. 调整增加原材料的计划成本
   D. 调整减少原材料的计划成本
8. 期末，通过比较发现存货的成本低于可变现净值，则可能(　　)。
   A. 按差额首次计提存货跌价准备　　B. 按差额补提存货跌价准备
   C. 冲减存货跌价准备　　D. 不进行账务处理
9. 企业每期都应当重新确定存货的可变现净值，企业在定期检查时，如果发现(　　)，应当考虑计提存货跌价准备。
   A. 市价持续下跌，并且在可预见的未来无回升的希望
   B. 使用该原材料生产的产品成本大于产品的售价
   C. 因产品更新换代，原有库存原材料已不适应新产品的需要，而该材料的市价又低于其账面成本
   D. 因企业所提供的商品或劳务过时或消费者偏好改变而使市场需求变化，导致市价下跌
10. 下列项目中，应计入材料采购成本的有(　　)。
    A. 制造费用　　B. 进口关税
    C. 运输途中的合理损耗　　D. 一般纳税人购入材料支付的增值税
11. 下列各项存货中，属于周转材料的有(　　)。
    A. 委托加工物资　　B. 包装物
    C. 低值易耗品　　D. 委托代销商品
12. 下列各项中，应计入销售费用的有(　　)。
    A. 随同商品出售，不单独计价的包装物的成本

B. 随同商品出售,单独计价的包装物的成本
C. 领用的用于出借的新包装物的成本
D. 对外销售的原材料的成本

13. 对存货实行定期盘存制的企业,确定当期耗用或销售存货成本时,主要依据( )等因素。
    A. 期初结存存货   B. 本期购入存货
    C. 本期发出存货   D. 期末结存存货

14. 在实际工作中,影响存货入账价值的主要因素有( )。
    A. 购货价格   B. 购货费用   C. 进口关税   D. 期间费用

15. 下列各项目中,属于存货的有( )。
    A. 委托代销的存货   B. 在产品
    C. "材料采购"账户借方余额   D. 机器设备
    E. "生产成本"账户余额

16. "材料成本差异"账户贷方反映的内容有( )。
    A. 入库材料的超支差异   B. 入库材料的节约差异
    C. 发出材料应负担的超支差异 D. 发出材料应负担的节约差异
    E. 发出商品分摊的进销差价

17. 将期末存货的成本与可变现净值进行比较的方法有( )。
    A. 单项比较法   B. 分类比较法
    C. 总额比较法   D. 计划成本法
    E. 直接转销法

18. 出租、出借包装物的收入包括( )。
    A. 出租包装物的租金收入   B. 出租包装物收到的押金
    C. 出借包装物收到的押金   D. 没收逾期未还出租包装物的押金
    E. 没收逾期未还出借包装物的押金

19. 下列业务中,通过"其他业务收入"账户核算的有( )。
    A. 销售产品的收入   B. 出借包装物收到的押金
    C. 销售材料的收入   D. 出租包装物的租金收入
    E. 随同产品出售,单独计价的包装物的收入

20. 企业进行财产清查时,对于盘亏的材料应先记入"待处理财产损溢"账户,待期末或报经批准后,根据不同的原因可分别转入( )账户。
    A. 管理费用   B. 销售费用
    C. 营业外支出   D. 其他应收款
    E. 财务费用

三、判断题

1. 若材料用于生产产品,当所发生的产品没有减值,则材料期末按成本计量。
( )

2. 企业购货时所取得的现金折扣应冲减所购存货的成本。（   ）
3. 某一酒类生产厂家所生产的白酒在储存 3 个月之后才符合产品质量标准，该储存期间所发生的储存费用应计入当期管理费用。（   ）
4. 企业接受的投资者投入的商品应按照该商品在投出方的账面价值入账。（   ）
5. 投资者投入的存货成本，一律按投资合同或协议约定的价值确定。（   ）
6. 在物价持续下跌的情况下，企业采用先进先出法计量发出存货的成本，当月发出存货单位成本小于月末结存存货的单位成本。（   ）
7. 在物价上涨的情况下，采用先进先出法计算的发出存货的成本将高于采用加权平均法计算的发出存货的成本。（   ）
8. 采用计划成本进行材料日常核算的，结转入库材料的材料成本差异时，无论是节约差异还是超支差异，均记入"材料成本差异"账户的借方。（   ）
9. 采用计划成本进行材料日常核算的，结转发出材料的成本差异时，都从贷方结转，如果是超支差异，用蓝字，如果是节约差异，用红字。（   ）
10. 存货计价方法的选择不仅影响着资产负债表中资产总额的多少，也影响着利润表中的净利润。（   ）
11. 期末每期都应当重新确定存货的可变现净值，如果以前减记存货价值的影响因素已经消失，则减记的金额应当予以恢复，并在原已计提的存货跌价准备的金额内转回。（   ）
12. 无论企业对存货采用实际成本核算，还是采用计划成本核算，在编制资产负债表时，资产负债表上的存货项目反映的都是存货的实际成本。（   ）
13. 成本与可变现净值孰低法中的"成本"是指存货的历史成本。（   ）
14. 存货属于企业的固定资产。（   ）
15. 凡在盘存日期，法定产权属于企业的一切为销售或耗用而储存的资产，不管其存放地点如何，都应作为企业的存货。（   ）
16. 购入材料在运输途中发生的合理损耗，不需要单独进行账务处理。（   ）
17. 采购材料在运输途中发生的一切损耗，均应计入购进材料的采购成本。（   ）
18. 属于非常损失造成的存货毁损，应按该存货的净损失计入营业外支出。（   ）
19. 出借或出租包装物的摊销价值应作为"销售费用"处理。（   ）
20. 随同商品出售，不单独计价包装物的成本直接计入产品成本。（   ）

四、实务操作题

1. 甲存货月初结存数量 3 000 件，结存金额 8 700 元。本月进货情况如表 4-1 所示。本月销售甲存货 15 000 件。

表 4-1　甲存货本月进货情况

日　期	单价/(元/件)	数量/件	金额/元
9 日	3.10	4 100	12 710
12 日	3.20	6 000	19 200
20 日	3.30	4 500	14 850
27 日	3.40	1 800	6 120

要求：采用月末一次加权平均法计算甲存货的本月销售成本、期末结存成本。

2. A企业2020年5月初结存原材料的计划成本为80 000元，本月收入原材料的计划成本为320 000元，本月发出原材料的计划成本为280 000元，原材料成本差异的月初数为5 000元(超支)，本月收入原材料成本差异为12 000元(节约)。

要求：
① 计算材料成本差异率。
② 计算发出材料应负担的成本差异。
③ 计算发出材料的实际成本。
④ 计算结存材料应负担的成本差异。
⑤ 计算结存材料的实际成本。

3. A企业原材料按实际成本计价，发生以下经济业务。

(1) 购进甲种原材料一批，价款2万元，增值税税额0.26万元，共计2.26万元，以银行存款支付，材料尚未运到。

(2) 购进乙种原材料一批，价款2.5万元，增值税税额0.325万元，共计2.825万元，材料验收入库，款项以银行存款支付。

(3) 购进的甲种原材料已运到并验收入库(参看业务1)。

(4) 购进丙种原材料一批，合同价4万元，材料验收入库，结算凭证尚未到达。

(5) 月末购进丙种原材料的结算凭证仍未到达，按暂估价4万元入账。

(6) 下月初冲回入库未付材料款。

(7) 购进丙种原材料的结算凭证到达，价款4万元，增值税税额0.52万元，共计4.52万元，以银行存款支付。

(8) 根据乙种原材料"发料凭证汇总表"所列，生产车间领用1.5万元，管理部门领用0.4万元。

要求：根据以上经济业务编制会计分录。

4. 某工业企业为增值税一般纳税人，材料按计划成本计价核算。甲材料计划单位成本为10元。该企业2020年4月份有关资料如下。

(1) "原材料"账户月初余额40 000元，"材料成本差异"账户月初借方余额500元。

(2) 4月15日，从外地A公司购入甲材料6 000千克，增值税专用发票上注明的材料价款为61 000元，增值税税额7 930元，企业已用银行存款支付上述款项，材料尚未到达。

(3) 4月20日，从A公司购入的甲材料到达，验收入库时发现短缺20千克，经查明为途中定额内自然损耗，按实收数量验收入库。

(4) 4月30日，汇总本月发料凭证，本月共发出甲材料5 000千克，全部用于产品生产。

要求：
① 根据上述业务编制相关会计分录。
② 计算本月材料成本差异率。

③ 计算本月发出材料应负担的成本差异及月末库存材料的实际成本。

5. 某企业采用成本与可变现净值孰低法进行存货计价，并且用备抵法进行账务处理。某存货的有关资料如下。

(1) 2018 年年初"存货跌价准备"账户贷方余额为 4 210 元，2018 年年末存货成本为 863 000 元，可变现净值为 857 220 元。

(2) 2019 年年末，存货成本为 629 000 元，可变现净值为 624 040 元。

(3) 2020 年年末，存货成本为 710 020 元，可变现净值为 734 170 元。

要求：
① 计算各年应提取的存货跌价准备。
② 编制相应的会计分录。

6. 某企业为增值税一般纳税人，低值易耗品采用实际成本核算，7月发生如下经济业务。

(1) 6 日，从外地某企业购进低值易耗品一批，取得的增值税专用发票上注明：买价为 30 000 元，增值税税额为 3 900 元，对方代垫运杂费 800 元，价税款共计 34 700 元，已用银行存款支付。该批低值易耗品已验收入库。

(2) 12 日，上月已付款的在途低值易耗品已运达并已验收入库，其实际成本为 60 000 元。

(3) 15 日，基本生产车间领用低值易耗品一批，实际成本为 3 800 元，采用一次摊销法摊销其价值。

(4) 16 日，厂部管理部门领用低值易耗品一批，实际成本为 54 000 元；基本生产车间领用低值易耗品一批，实际成本为 12 000 元。按五五摊销法摊销其价值。

(5) 26 日，基本生产车间报废低值易耗品一批，收到残料变价收入 100 元现金。该批低值易耗品在领用时已采用一次摊销法摊销完毕。

要求：根据以上经济业务编制会计分录。

7. 某企业对存货进行清查，清查结果及批准处理情况如下。

(1) 发现盘盈 A 低值易耗品 5 件，单位实际成本为 300 元。

(2) 发现盘亏 B 原材料 400 千克，单位计划成本为 100 元，材料成本差异率为 2%。其购进时的增值税进项税额为 6 936 元。

(3) 发现毁损 C 产成品 80 件，单位实际成本为 350 元，其负担的增值税进项税额为 2 750 元。

(4) 上述原因已查明，A 低值易耗品盘盈系收发计量差错所致；B 原材料短缺是管理制度不健全所造成的；C 产成品毁损属意外事故造成，其残料价值 500 元，可获保险公司赔偿 18 450 元。经厂长会议批准后，对上述清查结果作出处理。

要求：根据以上经济业务编制会计分录。

8. 甲公司期末存货采用成本与可变现净值孰低法计价。2019 年 9 月 26 日甲公司与乙公司签订销售合同：由甲公司于 2020 年 3 月 6 日向乙公司销售笔记本电脑 10 000 台，每台 1.5 万元。2019 年 12 月 31 日甲公司库存笔记本电脑 14 000 台，单位成本 1.41 万元。

2019年12月31日市场销售价格为每台1.3万元，预计销售税费均为每台0.05万元。甲公司于2020年3月6日向乙公司销售笔记本电脑10 000台，每台1.5万元。甲公司于2020年4月6日销售笔记本电脑100台，市场销售价格为每台1.2万元。货款均已收到。甲公司是一般纳税人，适用的增值税税率为13%。

要求：
① 编制计提存货跌价准备会计分录，并列示计算过程。
② 编制有关销售业务的会计分录。

9. 2020年12月31日，甲公司库存的原材料——A材料账面余额为88 000元，市价为75 000元，用于生产仪表80台。由于A材料市场价格下降，用该材料生产的仪表每台的市价由2 600元降至1 800元，但是，将A材料加工成仪表，尚需发生加工费用64 000元，估计发生销售费用和税金为4 000元。

要求：
① 计算用A材料生产的仪表的生产成本。
② 计算2020年12月31日A材料的可变现净值。
③ 计算2020年12月31日A材料应计提的跌价准备，并编制计提跌价准备的会计分录。

项目五 对外投资的核算

【训练目标】

- 明确投资的定义与分类。
- 明确交易性金融资产、债权投资、其他债权投资、其他权益工具投资、长期股权投资的概念。
- 掌握交易性金融资产的计价与核算。
- 掌握债权投资的计价与核算。
- 掌握其他债权投资和其他权益工具投资的计价与核算。
- 明确长期股权投资成本法与权益法的应用条件、长期投资减值的判断标准。
- 掌握长期股权投资的入账价值确定方法及期末计价方法。
- 熟练掌握长期股权投资的成本法与权益法的核算。

一、单项选择题

1. 甲公司对 B 公司进行投资，持股比例为 70%。截至 2015 年年末，该项长期股权投资账户余额为 1 300 万元，2019 年年末，该项投资的减值准备余额为 40 万元，B 公司 2020 年发生亏损 2 000 万元，则 2020 年年末甲公司"长期股权投资"的账面价值应为(　　)万元。

　　A. 0　　　　　　B. 1 260　　　　　　C. 40　　　　　　D. -40

2. 投资企业采用权益法核算长期股权投资，在被投资企业宣告分派现金股利时，按其应分得的部分贷记(　　)账户。

　　A. 投资收益　　　　　　　　B. 其他业务收入
　　C. 应收股利　　　　　　　　D. 长期股权投资

3. 甲投资企业于 2020 年 1 月 1 日取得对联营企业 30%的股权，取得投资时被投资单位的固定资产公允价值为 800 万元，账面价值为 600 万元，固定资产的预计使用年限为 10 年，净残值为 0，按照直线法计提折旧。被投资单位 2020 年度利润表中净利润为 1 000 万元。不考虑所得税和其他因素的影响，投资企业按权益法核算 2020 年应确认的投资收益为(　　)万元。

　　A. 300　　　　　B. 306　　　　　C. 294　　　　　D. 120

4. 投资者投入的长期股权投资，如果合同或协议约定价值是公允的，应当按照(　　)作为初始投资成本。

　　A. 投资合同或协议约定的价值　　　B. 账面价值
　　C. 公允价值　　　　　　　　　　　D. 市场价值

5. 甲公司出资 600 万元，取得了乙公司 60%的控股权，甲公司对该项长期股权投资应采用(　　)核算。

　　A. 权益法　　　B. 成本法　　　C. 市价法　　　D. 成本与市价孰低法

6. 根据《企业会计准则第 2 号——长期股权投资》的规定，长期股权投资采用权益法核算时，初始投资成本大于应享有被投资单位可辨认净资产公允价值份额之间的差额，正确的会计处理是(　　)。

　　A. 计入投资收益　　　　　　B. 冲减资本公积
　　C. 计入营业外支出　　　　　D. 不调整初始投资成本

7. A 公司 2018 年年初按投资份额出资 180 万元对 B 公司进行长期股权投资，占 B 公司股权比例的 40%。2018 年 B 公司亏损 100 万元；2019 年 B 公司亏损 400 万元；2020 年 B 公司实现净利润 30 万元，则 2020 年 A 公司计入投资收益的金额为(　　)万元。

　　A. 12　　　　　B. 10　　　　　C. 8　　　　　D. 0

8. A 公司以 2 200 万元取得 B 公司 30%的股权，取得投资时被投资单位可辨认净资产的公允价值为 8 000 万元。如果 A 公司能够对 B 公司施加重大影响，则 A 公司计入长期股权投资的金额为(　　)万元。

　　A. 2 200　　　　B. 2 400　　　　C. 8 000　　　　D. 5 800

9. 甲公司 2020 年 6 月 1 日购入乙公司股票进行长期投资，取得乙公司 30%的股权，

2020年12月31日，该长期股权投资的账面价值为850万元。其明细账户的情况如下：成本为600万元，损益调整(借方余额)为200万元，其他权益变动为50万元。假设2020年12月31日该股权投资的可收回金额为820万元，2020年12月31日，下面有关计提该项长期股权投资减值准备的账务处理正确的是(　　)。

  A. 借：投资收益   30
    贷：长期股权投资减值准备   30
  B. 借：资产减值损失   30
    贷：长期投资减值准备   30
  C. 借：长期股权投资减值准备 30
    贷：投资收益   30
  D. 借：资产减值损失   30
    贷：长期股权投资减值准备   30

10. 2019年年初，甲公司购入乙公司30%的股权，成本为60万元，2019年年末长期股权投资的可收回金额为50万元，故计提了长期股权投资减值准备10万元。2020年年末该项长期股权投资的可收回金额为70万元，则2020年年末甲公司应恢复长期股权投资减值准备(　　)万元。

  A. 10   B. 20   C. 30   D. 0

11. 企业取得以公允价值计量且其变动计入当期损益的金额资产时，支付的价款中包含已宣告但尚未发放的现金股利，应记入的账户是(　　)。

  A. 财务费用   B. 投资收益
  C. 交易性金融资产   D. 应收股利

12. 企业取得划分为以公允价值计量且其变动计入其他综合收益的非交易性权益工具投资的金融资产时，其支付的价值中包含的已宣告但尚未发放的现金股利，应当计入(　　)。

  A. 应收股利   B. 管理费用
  C. 投资收益   D. 其他权益工具投资

13. 企业拥有的以摊余成本计量的金融资产，在持有期间按其期初摊余成本计算确认利息收入时，一般应当采用的方法是(　　)。

  A. 直线法   B. 实际利率法
  C. 加速推销法   D. 票面利率法

14. 企业处置以摊余成本计量的金融资产时，按实际收到的金额与该债权投资的账面价值之间的差额计入(　　)。

  A. 利息调整 B. 投资收益 C. 营业外收入 D. 资本公积

15. 分期付息，一次还本的其他债权投资，资产负债表日计算确定的应收未收利息，应记入(　　)账户。

  A. "应收利息"   B. "其他债权投资——应计利息"
  C. "应计利息"   D. "其他债权投资——利息调整"

16. 企业出售以公允价值计量且其变动计入其他综合收益的债权投资，在确认出售损益时，应同时将该债权投资原持有期间的累计公允价值变动额转入的账户是(　　)。
　　A."利息收入"　　　　　　　　B."投资收益"
　　C."营业外收入"　　　　　　　D."资本公积"

17. 资产负债表日，其他权益工具投资的公允价值发生暂时性下跌，进行账务处理时，贷记"其他权益工具投资——公允价值变动"账户，应借记的账户是(　　)。
　　A."营业外支出"　　　　　　　B."信用减值损失"
　　C."其他综合收益"　　　　　　D."投资收益"

18. 甲股份有限公司于2020年5月15日以每股22元(其中，包含0.10元已宣告但尚未发放的现金股利)的价格购入丙上市公司股票10万股，并支付交易费用2万元。甲股份有限公司根据其管理该股票投资的业务模式和其合同现金流量特征，将该股票投资分类为以公允价值计量且其变动计入当期损益的金融资产。则购入时，该股票投资的入账价值为(　　)万元。
　　A. 222　　　　B. 221　　　　C. 219　　　　D. 220

19. 企业将购入的分期付息到期还本债券划分为以摊余成本计量的金融资产后，在持有期间的每一个资产负债表日，一般应按(　　)计算确认当期投资收益。
　　A. 债券面值和票面利率　　　　B. 债券面值和实际利率
　　C. 期初摊余成本和票面利率　　D. 期初摊余成本和实际利率

20. 企业出售以公允价值计量且其变动计入当期损益的金融资产时，应按实际收到的金额，借记"银行存款"账户，按该金融资产的成本，贷记"交易性金融资产——成本"账户，按其差额，借记或贷记的是(　　)账户。
　　A."公允价值变动损益"　　　　B."投资收益"
　　C."其他业务收入"　　　　　　D."营业外收入"

21. 某企业于2020年1月1日以110万元的价格购入当日发行的面值为100万元的公司债券，该债券的买价为108万元，发生的交易费用为2万元。该公司债券票面利率为10%，期限为5年，一次还本付息。该企业根据其管理该债券的业务模式和该债券的合同现金流量特征，初始确认时将该债券分类为以摊余成本计量的金融资产。则该企业购入该债券时，应记入"债权投资"账户借方的金额为(　　)万元。
　　A. 110　　　　B. 100　　　　C. 108　　　　D. 102

22. 对于已确认减值损失的债权投资，在随后的会计期间公允价值已上升且客观上与原减值损失确认后发生的事项有关的，原确认的减值损失应当予以转回计入(　　)。
　　A. 其他综合收益　　　　　　　B. 投资收益
　　C. 信用减值损失　　　　　　　D. 营业外收入

23. 资产负债表日，其他债权投资的公允价值高于其摊余成本的差额时，其账务处理为，借记"其他债权投资"账户，贷记(　　)账户。
　　A."其他综合收益"　　　　　　B."投资收益"
　　C."信用减值损失"　　　　　　D."公允价值变动损益"

24. 企业出售其他权益工具投资时，应按实际收到的金额，借记"银行存款"等账户，按其账面余额，贷记"其他权益工具投资"账户，按应从所有者权益中转出的公允价值累计变动额，借记或贷记"其他综合收益"账户，按其差额，记入(　　)账户。

　　A. "投资收益"　　　　　　　　　B. "资本公积"
　　C. "留存收益"　　　　　　　　　D. "其他综合收益"

25. 甲公司出资1 200万元，取得乙公司80%的股权，并准备长期持有。假设购买股权时，乙公司的净资产账面价值为1 600万元，该净资产经确认的公允价值为1 800万元。甲、乙公司合并前同受一方控制，则合并日，甲公司的该项长期股权投资的初始投资成本为(　　)万元。

　　A. 1 200　　　B. 1 280　　　C. 1 440　　　D. 1 600

26. A公司以现金购入B公司20%的股份，买价为200 000元，其中包含B公司已宣告但尚未发放的现金股利8 000元，同时发生直接相关税费10 000元，A公司取得该股权准备长期持有。假设购买股权时，B公司的净资产账面价值为800 000元，该净资产经确认的公允价值等于其账面价值。该交易属非企业合并，则A公司形成的长期股权投资的初始投资成本为(　　)元。

　　A. 200 000　　　B. 210 000　　　C. 202 000　　　D. 180 000

27. 企业某项长期股权投资采用权益法核算，该项股权投资在活跃市场中有公开报价，本期末可收回金额的计量结果表明，长期股权投资的可收回金额高于其账面价值600 000元。前期该项股权投资发生减值时已计提减值准备500 000元，则本期末应作的账务处理是(　　)。

　　A. 借：长期股权投资减值准备　　　100 000
　　　　贷：投资收益　　　　　　　　　　　　100 000
　　B. 借：长期股权投资减值准备　　　500 000
　　　　贷：资本公积　　　　　　　　　　　　500 000
　　C. 借：长期股权投资减值准备　　　500 000
　　　　贷：资产减值损失　　　　　　　　　　500 000
　　D. 不作账务处理

28. 对于同一控制下的企业合并，在合并日取得对其他参与合并企业控制权的一方称为(　　)。

　　A. 合并方　　　B. 被合并方　　　C. 投资方　　　D. 被投资方

29. 非同一控制下一次交换交易实现的企业合并，其购买日支付合并对价的公允价值与合并对价的账面价值的差额，应(　　)。

　　A. 计入当期权益　　　　　　　　　B. 计入当期损益
　　C. 计入投资成本　　　　　　　　　D. 不作处理

30. 投资企业能够对被投资单位实施控制的，则被投资单位为该投资企业的(　　)。

　　A. 联营企业　　　　　　　　　　　B. 合营企业
　　C. 母公司　　　　　　　　　　　　D. 子公司

二、多项选择题

1. 甲公司对乙公司的长期股权投资采用成本法核算，甲公司对乙公司投资的账面余额只有在发生(　　)的情况下，才应作相应调整。
   A. 追加投资　　　　　　　　　　B. 减少投资
   C. 对该股权投资计提减值准备　　D. 将应分得的现金股利转为投资

2. 长期股权投资发生下列事项时，可确认为当期损益的有(　　)。
   A. 权益法下，被投资单位实现净利润时投资方确认应享有的份额
   B. 成本法下，被投资单位实现净利润后分配的现金股利
   C. 收到分派的股票股利
   D. 处置长期股权投资时，处置收入大于长期股权投资账面价值的差额

3. 采用权益法核算长期股权投资时，下列各项中，应记入"长期股权投资"账户借方的有(　　)。
   A. 初始投资成本小于取得投资时，应享有被投资单位可辨认净资产公允价值的差额
   B. 被投资企业宣告发放现金股利
   C. 根据被投资企业实现的净利润确认的投资收益
   D. 根据被投资企业发生的净亏损确认的投资损失

4. 根据《企业会计准则第2号——长期股权投资》的规定，长期股权投资采用成本法核算时，下列各项会引起长期股权投资账面价值变动的有(　　)。
   A. 追加投资　　　　　　　　　　B. 减少投资
   C. 被投资企业实现净利润　　　　D. 被投资企业宣告发放现金股利

5. 长期股权投资的权益法的适用范围是(　　)。
   A. 投资企业能够对被投资企业实施控制的长期股权投资
   B. 投资企业对被投资企业不具有共同控制或重大影响，并且在活跃市场中没有报价、公允价值不能可靠计量的长期股权投资
   C. 投资企业对被投资企业具有共同控制的长期股权投资
   D. 投资企业对被投资企业具有重大影响的长期股权投资

6. 对长期股权投资采用权益法核算时，被投资企业发生的下列事项中，投资企业应该调整长期股权投资账面价值的有(　　)。
   A. 被投资企业实现净利润　　　　B. 被投资企业宣告分配现金股利
   C. 被投资企业购买固定资产　　　D. 被投资企业计提盈余公积

7. 企业处置长期股权投资时，正确的处理方法有(　　)。
   A. 处置长期股权投资，其账面价值与实际取得价款的差额，应当计入投资收益
   B. 处置长期股权投资，其账面价值与实际取得价款的差额，应当计入营业外收入
   C. 采用权益法核算的长期股权投资，因被投资单位除净损益以外所有者权益的其他变动而计入所有者权益的，处置该项投资时应当将原计入所有者权益的

部分按相应比例转入投资收益

　　D. 采用权益法核算的长期股权投资，因被投资单位除净损益以外所有者权益的其他变动而计入所有者权益的，处置该项投资时应当将原计入所有者权益的部分按相应比例转入营业外收入

8. 下列事项中，投资企业不应确认为投资收益的有(　　)。

　　A. 成本法核算的投资企业按被投资企业宣告发放的现金股利或利润中属于本企业的部分

　　B. 权益法核算的初始投资成本小于应享有被投资单位可辨认净资产公允价值份额的差额

　　C. 权益法核算的被投资企业宣告发放现金股利

　　D. 出售长期股权投资时，实际收到的金额与其账面价值的差额

9. 下列资产中，属于金融资产的有(　　)

　　A. 债权投资　　　　B. 其他债权投资　　　C. 交易性金融资产
　　D. 应收款项　　　　E. 非交易性权益工具投资

10. 企业为核算以摊余成本计量的金融资产，应当在"债权投资"账户下设置的明细账户有(　　)。

　　A. "成本"　　　　B. "利息调整"　　　C. "公允价值变动"
　　D. "应计利息"　　E. "损益调整"

11. 企业在资产负债表日应当判断其所持有的金融资产是否发生减值，如发生信用损失时应当计提减值准备的金融资产有(　　)。

　　A. 其他债权投资　　B. 债权投资　　　　C. 交易性金融资产
　　D. 应收款项　　　　E. 其他权益工具投资

12. 下列各项中，属于企业取得以摊余成本计量的金融资产时发生的相关交易费用有(　　)。

　　A. 购买以摊余成本计量的金融资产支付给代理机构的手续费
　　B. 购买以摊余成本计量的金融资产支付给代理机构的佣金
　　C. 购买以摊余成本计量的金融资产的溢价
　　D. 购买以摊余成本计量的金融资产的折价
　　E. 购买以摊余成本计量的金融资产支付给咨询公司的佣金

13. 下列各项中，会引起交易性金融资产账面余额发生变化的有(　　)。

　　A. 收到购入时应计入应收项目的交易性金融资产的利息
　　B. 期末交易性金融资产公允价值高于其账面余额的差额
　　C. 期末交易性金融资产公允价值低于其账面余额的差额
　　D. 出售交易性金融资产
　　E. 收到持有期间的交易性金融资产的利息

14. 企业核算以公允价值计量且其变动计入当期损益的金融资产，应当在"交易性金融资产"账户下设置明细账户的有(　　)账户。
   A. "成本"　　　　　　B. "利息调整"　　　　C. "公允价值变动"
   D. "应计利息"　　　　E. "损益调整"

15. 以摊余成本计量的金融资产应当以摊余成本进行后续计量，确定该摊余成本时应考虑的因素有(　　)。
   A. 该债权投资的初始确认金额
   B. 该债权投资已收回的本金
   C. 该债权投资初始确认金额与到期日金额之间的差额
   D. 该债权投资采用实际利率法摊销形成的累计摊销额
   E. 该债权投资的实际利率

16. 下列各项表述中，关于以公允价值计量且其变动计入当期损益的金融资产的会计处理正确的有(　　)。
   A. 应当按照取得时的公允价值和相关的交易费用作为初始确认金额
   B. 持有期间确认的利息或现金股利，应当确认为投资收益
   C. 取得时支付价款中包含已宣告但尚未发放的现金股利，单独确认为应收股利
   D. 资产负债表日，企业应将其公允价值变动计入当期损益
   E. 持有期间确认的股票股利，收到时应当确认为投资收益

17. 企业在初始确认金融资产时，可将其划分为(　　)。
   A. 交易性金融资产　　　B. 债权投资　　　　　C. 长期股权投资
   D. 其他债权投资　　　　E. 长期债权投资

18. 金融资产在初始计量时，其发生的交易费用处理中，正确的有(　　)。
   A. 取得交易性金融资产时发生的相关交易费用，应当直接计入当期损益
   B. 取得其他债权投资时发生的相关交易费用，应当计入初始确认金额
   C. 取得债权投资时发生的相关交易费用，应当计入初始确认金额
   D. 取得交易性金融资产时发生的相关交易费用，应当计入初始确认金额
   E. 取得其他权益工具投资时发生的相关交易费用，应当直接计入当期损益

19. 交易费用是指可直接归属于购买金融资产新增的外部费用，包括(　　)。
   A. 支付给代理机构的手续费　　　　B. 支付给券商等的佣金
   C. 支付给咨询公司的手续费　　　　D. 债券溢价
   E. 融资费用

20. 下列各项中，不属于以摊余成本计量的金融资产后续计量方法有(　　)。
   A. 历史成本　　　　　B. 成本与市价孰低　　　C. 摊余成本
   D. 现值　　　　　　　E. 重置成本

三、判断题

1. 长期股权投资采用成本法核算的，应按被投资单位宣告发放的现金股利或利润中属于本企业的部分，借记"应收股利"账户，贷记"投资收益"账户；属于被投资单位在本企业取得投资前实现净利润的分配额，借记"应收股利"账户，贷记"资本公积"账户。（　　）

2. 采用权益法核算的长期股权投资的初始投资成本大于投资时应享有被投资单位可辨认净资产公允价值份额的，其差额计入长期股权投资(股权投资差额)中。（　　）

3. 某投资企业于2020年1月1日取得联营企业30%的股权，取得投资时被投资单位的固定资产公允价值为1 000万元，账面价值为500万元，固定资产的预计使用年限为10年，净残值为0，按照直线法计提折旧。被投资单位2020年度利润表中净利润为500万元。被投资单位当期利润表中已按其账面价值计算扣除的固定资产折旧费用为50万元，按照取得投资时点上固定资产的公允价值计算确定的折旧费用为100万元。假定不考虑所得税的影响，2020年年末投资方应确认投资收益150万元。（　　）

4. 采用权益法核算时，被投资企业实现净利润或发生亏损，不会引起投资企业"长期股权投资"账面余额发生变动。（　　）

5. 企业无论以何种方式取得长期股权投资，取得投资时，实际支付的价款或对价中包含的已宣告但尚未发放的现金股利或利润，应作为应收项目单独核算。（　　）

6. 企业对长期股权投资计提的减值准备，在该长期股权投资价值回升期间应当转回，但转回的金额不应超过原计提的减值准备。（　　）

7. 交易性金融资产期末按公允价值计量，不计提减值准备。（　　）

8. 企业取得以公允价值计量且其变动计入当期损益的金融资产时，发生的相关交易费用应当在发生时直接计入当期的财务费用。（　　）

9. 企业持有期限在1年以内并有活跃市场的股票投资，如符合以公允价值计量且其变动计入当期损益的金融资产确认的条件，也可将其划分为交易性金融资产。（　　）

10. 企业持有的以摊余成本计量的金融资产，在持有期间如经计算确定的实际利率与债券票面利率差异较小的，可按债券票面利率计算确认利息收入，但应将利息收入计入资本公积。（　　）

11. 企业在持有交易性金融资产期间，应在每一资产负债表日，对交易性金融资产逐项进行信用减值测试，当其账面价值大于预计未来现金流量现值时，应将减记的金额确认为信用减值损失。（　　）

12. 交易性金融资产的期末借方余额应等于该交易性金融资产的期末公允价值。（　　）

13. 企业取得以公允价值计量且其变动计入当期损益的金融资产支付的交易费用，应记入当期的"投资收益"账户，支付的价款中包含的应收利息，应记入"应收利息"账户。（　　）

14. 交易性金融资产在持有期间按照面值乘票面利率计算的利息，借记"应收利息"账户，贷记"投资收益"账户。（　　）

15. 同一控制权下的企业之间进行的合并,如合并方以现金、转让非现金资产方式作为合并对价,在这种情况下应当在合并日按照取得被合并方所有者权益账面价值作为长期股权投资的初始投资成本。   (   )

四、实务操作题

1. 甲股份有限公司(以下简称甲公司)2016年1月1日购入乙公司当日发行的5年期债券,将该债券投资分类为以摊余成本计量的金融资产,债券持有期间均未发生减值。债券的票面利率为12%,债券面值为1 000元,甲公司按1 050元的价格购入80张。该债券每年年末付息一次,最后一年还本并付最后一次利息。假设甲公司按年计算利息,且不考虑相关税费。该债券的实际利率为10.66%。

要求:作出甲公司有关上述债券投资的会计处理(计算结果保留整数)。

2. 2020年3月2日,甲公司以支付银行存款方式从二级市场购入A公司股票500 000股,每股市价为8元,另支付手续费80 000元,甲公司根据其管理该股票投资的业务模式和其合同现金流量特征,将该股票投资分类为以公允价值计量且其变动计入当期损益的金融资产。2020年6月30日,该股票每股市价为7元;2020年8月10日,A公司宣告分派现金股利,每股0.10元;2020年8月20日,甲公司收到A公司分派的现金股利。至2020年12月31日,甲公司仍持有该股票,期末该股票每股市价为8.20元。2021年1月8日,甲公司以4 900 000元出售该股票。

假定甲公司每年6月30日和12月31日对外提供财务报告。

要求:根据上述资料,编制甲公司各年的会计分录,并计算该以公允价值计量且其变动计入当期损益的金融资产的累计损益。

3. 2019年1月1日,甲公司以325 000元购入乙公司2018年1月1日发行的3年期债券,该债券票面利率为5%,债券面值为300 000元,分期付息、到期一次还本,于每年1月5日支付上年债券利息。甲公司购入时另支付相关交易税费2 000元。购入后,甲公司根据其管理该债券投资的业务模式和其合同现金流量特征,将该债券投资分类为以公允价值计量且其变动计入当期损益的金融资产。2019年1月5日,收到乙公司发放的上年债券利息。2019年12月31日,该债券的市场交易价为340 000元。2020年1月5日,收到乙公司发放的上年债券利息。2020年6月30日,甲公司因生产经营急需资金,出售所持有的乙公司债券的60%,取得出售收入210 000元。2020年12月31日,该债券的市场交易价为126 000元。2021年1月1日,乙公司债券到期,甲公司收回剩余债券的本金和利息。

要求:根据上述资料,编制甲公司各年有关该债券的会计分录。

4. 甲公司于2019年1月1日以19 420元的价格从债券二级市场购入乙公司公开发行的5年期按年付息、到期还本的债券,该债券面值为20 000元,票面利率为6%,另支付交易费用1 000元。经测算,该债券的实际利率为5.515%。甲公司购入债券时,根据其管理该债券的业务模式和该债券的合同现金流量特征,将该债券分类为以公允价值计量且其变动计入其他综合收益的金融资产。2019年12月31日,该债券的市场价格为20 300元;2020年12月31日,该债券的市场价格为20 400元。假定不考虑其他因素。

要求：根据上述资料，编制甲公司 2019 年和 2020 年与该金融资产有关的会计分录。

5. 丙公司于 2019 年 10 月 20 日从二级市场购入乙公司股票 20 000 股，每股市价 10 元，另支付交易费用 4 000 元；初始确认时，丙公司所持的股份比例不足以对乙公司的管理施加重大影响，将其指定为以公允价值计量且其变动计入其他综合收益的非交易性权益工具投资。2019 年 12 月 31 日，丙公司仍持有该股票，该股票的市价为 12 元。2020 年 3 月 18 日，丙公司将该股票售出，售价为每股 15 元。假定不考虑相关税费，丙公司按照 10%的比例计提盈余公积。

要求：根据上述资料，编制丙公司该非交易性权益工具投资的会计分录。

6. 2019 年 1 月 1 日，甲公司向同一集团内乙公司的原股东 A 公司定向增发 1 000 万股普通股(每股面值为 1 元，市价为 5 元)，取得乙公司 80%的股权，相关手续于当日完成，并能够对乙公司实施控制。合并后乙公司仍维持其独立法人资格继续经营。合并日，A 公司合并财务报表中的乙公司净资产账面价值为 4 000 万元。假定甲公司和乙公司都受 A 公司同一控制，不考虑相关税费等其因素影响。

2019 年 3 月 10 日，乙公司宣告分派 2018 年度的现金股利 2 700 000 元；3 月 20 日，乙公司发放该现金股利。乙公司 2019 年度实现净利润 3 000 000 元。2020 年 4 月 2 日，乙公司宣告分派 2019 年度的现金股利 1 400 000 元；4 月 15 日，乙公司发放该现金股利。乙公司 2020 年度实现净利润 4 000 000 元。

要求：根据上述资料，做甲公司对乙公司股权投资的账务处理。

7. 甲公司以 4 500 000 元取得 M 公司 50%的股权，取得股权时，M 公司可辨认净资产的账面价值为 9 000 000 元，公允价值为 10 000 000 元。在 M 公司的生产经营决策过程中，所有股东均按持股比例行使表决权。甲公司在取得 M 公司的股权后，派人参与了 M 公司的生产经营决策。

要求：根据上述资料，做甲公司取得 M 公司长期股权投资时的账务处理，并列示与长期股权投资有关的明细账户。

8. 甲公司持有 A 公司 40%的股权，对 A 公司具有重大影响，2020 年 12 月 31 日，该项长期股权投资的账面价值为 6 200 000 元，应收 A 公司的长期应收款的账面余额为 800 000 元，该款项至今没有明确的清偿计划。A 公司 2020 年由于技术落后使产品大量积压，2020 年度亏损 18 000 000 元。除该事项外，2020 年，A 公司因持有的以公允价值计量且其变动计入其他综合收益的金融资产公允价值的变动增加其他综合收益的金额为 500 000 元。假定甲公司在取得该投资时，A 公司各项可辨认资产、负债的公允价值与其账面价值相等，双方所采用的会计政策及会计期间也相同。

要求：根据上述资料，做甲公司 2020 年年末关于 A 公司长期股权投资的账务处理，并列示与长期股权投资有关的明细账户。

项目六 固定资产的核算

【训练目标】

- 明确固定资产的概念、分类、计价。
- 熟练掌握固定资产取得、后续支出及处置的核算方法。
- 理解固定资产折旧的意义,明确固定资产折旧的范围,掌握固定资产折旧的计算和核算方法。
- 掌握固定资产减值准备的处理。

一、单项选择题
1. 固定资产发生减值应计入( )。
   A. 在建工程成本　　　　　　B. 制造费用
   C. 资产减值损失　　　　　　D. 长期待摊费用
2. 企业接受投资者投入的一项固定资产,应按( )作为入账价值。
   A. 公允价值
   B. 投资方的账面原值
   C. 投资合同或协议约定的价值(但合同或协议约定的价值不公允的除外)
   D. 投资方的账面价值
3. 生产经营期间固定资产报废清理的净损失应计入( )。
   A. 营业外支出　　　　　　　B. 管理费用
   C. 资本公积　　　　　　　　D. 长期待摊费用
4. 企业有设备一台,原价100 000元,预计净残值4 000元,预计可使用年限为5年。按双倍余额递减法计提折旧,则第二年应计提的折旧为( )元。
   A. 19 200　　B. 20 000　　C. 24 000　　D. 24 640
5. 下列固定资产中,不应计提折旧的是( )。
   A. 大修理的固定资产
   B. 当月减少的固定资产
   C. 正处于改良期间的经营租入固定资产
   D. 融资租入的固定资产
6. 下列固定资产中,应计提折旧的是( )。
   A. 经营租赁方式租入的固定资产　　B. 季节性停用的固定资产
   C. 正在改扩建的固定资产　　　　　D. 融资租出的固定资产
7. 某公司2017年9月初增加小轿车一辆,该项设备原值88 000元,预计可使用8年,净残值为8 000元,采用直线法计提折旧。至2019年年末,对该项设备进行检查后,估计其可收回金额为59 750元。减值测试后,该固定资产的折旧方法、年限和净残值等均不变,则2020年应计提的固定资产折旧额为( )元。
   A. 10 000　　B. 8 250　　C. 11 391.3　　D. 9 000
8. 企业有设备一台,原价100 000元,预计净残值为4 000元,预计可使用年限为5年。按年数总和法计提折旧,则第二年应计提的折旧额为( )元。
   A. 18 133　　B. 19 200　　C. 25 600　　D. 26 667
9. 某项固定资产的原始价值为600 000元,预计可使用年限为5年,预计残值为50 000元。企业对该项固定资产采用双倍余额递减法计提折旧,则第四年对该项固定资产计提的折旧额为( )元。
   A. 39 800　　B. 51 840　　C. 20 800　　D. 10 400

10. 某公司一台设备的账面原值为 200 000 元,预计净残值率为 5%,预计使用年限为 5 年,采用双倍余额递减法按年计提折旧。该设备在使用 3 年 6 个月后提前报废,报废时发生清理费用 2 000 元,取得残值收入 5 000 元,则该设备报废对企业当期税前利润的影响额为减少( )元。

A. 40 200　　　B. 31 900　　　C. 31 560　　　D. 38 700

11. 某企业 2020 年 6 月 20 日自行建造的一条生产线投入使用,该生产线建造成本为 740 万元,预计使用年限为 5 年,预计净残值为 20 万元。在采用年数总和法计提折旧的情况下,2020 年该设备应计提的折旧额为( )万元。

A. 240　　　B. 140　　　C. 120　　　D. 148

12. 某企业 2020 年 1 月 1 日购入一台设备并交付使用,价值 630 000 元,采用年数总和法计提折旧,预计使用年限为 4 年,预计净残值为 30 000 元,则该台设备 2020 年应计提的折旧额为( )元。

A. 240 000　　　B. 220 000　　　C. 180 000　　　D. 65 000

13. 某企业 2019 年 11 月 1 日购入一项固定资产。该固定资产原价为 498 万元,预计使用年限为 5 年,预计净残值为 30 万元,按年数总和法计提折旧,则该固定资产 2020 年应计提的折旧额是( )万元。

A. 148.6　　　B. 153.4　　　C. 145.2　　　D. 192.56

14. 固定资产改建中取得的变价收入应记入( )。

A. "在建工程"账户　　　B. "营业外收入"账户
C. "管理费用"账户　　　D. "固定资产清理"账户

15. 下列各项所发生的固定资产后续支出中,不能资本化的支出是( )。

A. 资产生产的产品质量提高
B. 资产的生产能力增大
C. 恢复或保持资产的原有性能标准,以确保未来经济效益的实现
D. 资产的估计使用年限延长

16. 某企业为延长甲设备的使用寿命,2020 年 6 月对其进行改良并于当月完工,改良时发生相关支出共计 20 万元,估计能使甲设备延长使用寿命 2 年。根据 2020 年 6 月末的账面记录,甲设备的账面原价为 120 万元,已提折旧 57 万元,未计提减值准备。若确定甲设备改良完工后的可收回金额为 78 万元,则该企业 2020 年 6 月可以予以资本化的甲设备后续支出为( )万元。

A. 0　　　B. 15　　　C. 18　　　D. 20

17. 某国有工业企业,2020 年 5 月发生一场火灾,共计损失 100 万元,其中:流动资产损失 60 万元,固定资产损失 40 万元。经查明是由于雷击造成。企业收到保险公司赔款 50 万元,其中固定资产保险赔款 15 万元。企业由于这次火灾损失而应计入营业外支出的金额为( )万元。

A. 100　　　B. 40　　　C. 50　　　D. 85

18. 对在建工程项目发生的净损失,如为非正常原因造成的报废或毁损,应将其净损失计入当期( )。

A. 营业外支出　　B. 在建工程　　C. 管理费用　　D. 固定资产

19. 企业一次购入多项没有标价的固定资产，各项固定资产的原价应按(   )。
    A. 各项固定资产的重置完全价值确定
    B. 各项固定资产公允价值的比例对总成本进行分配后确定
    C. 各项同类固定资产的历史成本确定
    D. 各项同类固定资产的净值确定
20. 企业盘盈的固定资产应在报告批准后转入(   )账户。
    A. 其他业务收入   B. 以前年度损益调整
    C. 资本公积   D. 营业外收入

二、多项选择题

1. 以下属于固定资产特征的有(   )。
   A. 为生产商品、提供劳务而持有的资产
   B. 单位价值在 2 000 元以上的设备
   C. 为出租或经营管理而持有的资产
   D. 使用寿命超过一个会计年度
2. 固定资产加速折旧法的特点有(   )。
   A. 使用前期计提折旧多，后期计提少
   B. 年数总和法下，每年的折旧率不变
   C. 双倍余额递减法下，每年计提折旧的基数不变
   D. 折旧年度内各月折旧额相同
   E. 折旧年度内各月折旧额不同
3. 下列固定资产中，应计提折旧的有(   )。
   A. 不需用的房屋及建筑物
   B. 在用的机器设备
   C. 未提足折旧提前报废的固定资产
   D. 以经营租赁方式租入的固定资产
   E. 季节性停用的固定资产
4. 下列固定资产中，不提折旧的有(   )。
   A. 已全额计提减值准备的固定资产
   B. 大修理停用的固定资产
   C. 已提足折旧继续使用的固定资产
   D. 当月增加的固定资产
   E. 当月减少的原在用固定资产
5. 企业计算固定资产折旧的主要依据有(   )。
   A. 固定资产原价   B. 预计使用年限
   C. 预计净残值   D. 固定资产的使用部门
   E. 实际报废清理净损益
6. 属于固定资产加速折旧的方法有(   )。

A. 年限平均法 B. 工作量法
C. 双倍余额递减法 D. 年数总和法
E. 账面价值与可收回金额孰低法

7. 采用自营方式建造固定资产的情况下，下列项目中应计入固定资产取得成本的有( )。
   A. 工程耗用原材料
   B. 工程人员的工资
   C. 工程领用本企业的商品实际成本
   D. 企业行政管理部门发生的管理费用
   E. 固定资产报废损失

8. "固定资产清理"账户核算的内容包括( )。
   A. 固定资产报废 B. 固定资产出售
   C. 固定资产盘盈 D. 固定资产改扩建支出
   E. 固定资产修理费用

9. 下列固定资产在购建时须记入"在建工程"账户的有( )。
   A. 不需安装的固定资产 B. 需要安装的固定资产
   C. 固定资产的改扩建
   D. 应计入固定资产账面价值以外的后续支出
   E. 固定资产装修支出

10. 购入的固定资产入账价值包括( )。
    A. 买价 B. 运杂费 C. 途中保险费 D. 安装费

11. 下列说法中，正确的有( )。
    A. 购入需要安装的固定资产，其安装费不计入固定资产成本
    B. 自行建造的固定资产，按建造该项资产达到预定可使用状态前所发生的全部支出作为入账价值
    C. 投资者投入的固定资产，按投资方原账面价值作为入账价值
    D. 如果以一笔款项购入多项没有单独标价的固定资产，按各项固定资产公允价值的比例对总成本进行分配，分别确定各项固定资产的入账价值

12. 下列项目中，属于固定资产处置的有( )。
    A. 固定资产出售 B. 固定资产盘盈
    C. 固定资产毁损 D. 固定资产盘亏
    E. 固定资产报废

13. "固定资产清理"账户借方登记的项目有( )。
    A. 转入清理的固定资产账面价值 B. 出售价款收入
    C. 处置固定资产发生的清理费用 D. 结转的清理净收益
    E. 结转的清理净损失

14. 企业在确定固定资产的使用寿命时，应当考虑的因素有( )。
    A. 预计有形损耗和无形损耗 B. 预计清理净损益

C. 预计生产能力或实物产量　　　D. 法律或者类似规定对资产使用的限制

15. 下列各项中，应通过"固定资产清理"账户核算的有(　　)。
    A. 盘亏的固定资产　　　　　　B. 出售的固定资产
    C. 报废的固定资产　　　　　　D. 毁损的固定资产

16. 当存在(　　)时，应当按照该项固定资产的账面价值全额计提固定资产减值准备。
    A. 长期闲置不用，在可预见的未来不会再使用，且已无转让价值的固定资产
    B. 由于技术进步等原因，已不可使用的固定资产
    C. 虽然固定资产尚可使用，但使用后产生大量不合格品的固定资产
    D. 已遭毁损，以至于不再具有使用价值和转让价值的固定资产

17. 下列各项中，会引起固定资产账面价值发生变化的有(　　)。
    A. 计提固定资产减值准备　　　B. 计提固定资产折旧
    C. 固定资产改扩建　　　　　　D. 固定资产大修理

18. "固定资产清理"账户贷方登记的项目有(　　)。
    A. 应收赔偿款　　　　　　　　B. 出售价款收入
    C. 残料变价收入　　　　　　　D. 结转的清理净收益
    E. 结转的清理净损失

19. 下列各项中，表明固定资产已出现减值迹象的有(　　)。
    A. 固定资产的市价大幅度下跌，其跌幅明显高于因时间的推移或者正常使用而预计的下跌
    B. 企业经营所处的经济、技术或者法律等环境以及固定资产所处的市场在当期或者将在近期发生重大变化，从而对企业产生不利影响
    C. 市场利率或者其他市场投资报酬率在当期已经提高，从而影响企业计算固定资产预计未来现金流量现值的折现率，导致资产可收回金额大幅度降低
    D. 有证据表明固定资产已经陈旧过时或者其实体已经损坏
    E. 固定资产已经或者将被闲置，终止使用或者计划提前处置

20. 下列关于固定资产减值的说法中，正确的有(　　)。
    A. 固定资产可收回金额应当根据固定资产的公允价值减去处置费用后的净额与固定资产预计未来现金流量的现值两者之间较高者确定
    B. 已全额计提减值准备的固定资产不再计提折旧
    C. 固定资产可收回金额应当根据固定资产的公允价值减去处置费用后的净额与固定资产预计未来现金流量的现值两者之间较低者确定
    D. 固定资产减值损失一经确认，以后期间不允许转回
    E. 已计提的固定资产减值损失，以后期间价值又得以回升在计提的范围内转回

三、判断题

1. 固定资产的各组成部分具有不同使用寿命或者以不同方式为企业提供经济利益，适用不同折旧率或折旧方法的，此时仍然应该将该资产作为一个整体考虑。(　　)

2. 以一笔款项购入多项没有单独标价的固定资产，应当按照各项固定资产的账面价值比例对总成本进行分配，分别确定各项固定资产的成本。（   ）

3. 企业发生固定资产减值时，其会计分录为：借记"资产减值损失——计提固定资产减值准备"账户，贷记"固定资产减值准备"账户。（   ）

4. 企业以支付土地出让金方式取得的土地使用权，应当确认为固定资产。（   ）

5. 已达到预定可使用状态但在年度内尚未办理竣工决算手续的固定资产，应按估计价值暂估入账，并计提折旧，办理竣工决算手续后，如果与原暂估入账的金额不等，需要调整固定资产账户的金额，同时调整已经计提的累计折旧金额。（   ）

6. 企业接受投资者投入的固定资产按照双方确认的价值作为入账价值。（   ）

7. 企业的固定资产应当在期末时按照账面价值与可收回金额孰低计量，对可收回金额低于账面价值的差额，应当计提固定资产减值准备。（   ）

8. 对于固定资产借款发生的利息支出，在竣工决算前发生的，应予以资本化，将其计入固定资产的建造成本；在竣工决算后发生的，则应作为当期费用处理。（   ）

9. 采用平均年限法计算固定资产折旧，固定资产使用成本在其预计使用寿命内各期呈前期多后期少。（   ）

10. 固定资产提足折旧后，不论能否继续使用，均不再计提折旧；提前报废的固定资产，也不再补提折旧。（   ）

11. 企业应当对所有固定资产计提折旧。（   ）

12. 工作量法计提折旧的特点是每年提取的折旧额相等。（   ）

13. 固定资产折旧方法一经确定不得变更。（   ）

14. 企业一般应当按月提取折旧，当月增加的固定资产，当月计提折旧；当月减少的固定资产，当月不提折旧。（   ）

15. 企业固定资产一经入账，其入账价值均不得做任何变动。（   ）

16. 固定资产的大修理费用和日常修理费用，应当采用预提或待摊方式处理。（   ）

17. 按照《企业会计准则第8号——资产减值》的规定，对于计提的固定资产减值准备，在以后期间价值恢复时，不转回任何原已计提的减值准备金额。（   ）

18. 正常报废和非正常报废的固定资产均应通过"固定资产清理"账户予以核算。（   ）

19. 企业接受其他单位的固定资产投资时，"固定资产"账户入账金额应考虑投资方原账面价值，但"实收资本"账户金额应按双方合同约定的价值入账。（   ）

20. 按双倍余额递减法计提的折旧额在任何时期都大于按平均年限法计提的折旧额。（   ）

四、实务操作题

1. 某企业购入设备一台，原价为 200 000 元，该设备预计使用年限为 8 年，预计净残值率为 4%。

要求：

① 按年限平均法计算年、月的折旧率和折旧额。

② 按双倍余额递减法计算出年折旧率和每年的折旧额。

③ 按年数总和法计算出每年折旧率和折旧额。

2. 某增值税一般纳税人2020年发生与固定资产取得有关的经济业务如下。

(1) 购入不需要安装的设备一台，取得的增值税专用发票上注明的价款为500 000元，增值税税额为65 000元；发生运输费，取得的增值税专用发票上注明的价款为7 000元，增值税税额为630元。款项均以银行存款支付。该设备验收并交付生产车间使用。

(2) 购入需要安装的设备一台，取得的增值税专用发票上注明的价款为200 000元，增值税税额为26 000元，款项以银行存款支付。该设备购入后当即交付安装，安装过程中领用生产用材料一批，成本为28 000元，发生安装人员薪酬1 900元。该设备安装完毕后，验收并交付生产车间使用。

(3) 采用自营建造方式购建一条生产流水线，以银行存款购入所需物资一批，取得的增值税专用发票上注明的价款为100 000元，增值税税额为13 000元；发生运输费，取得的增值税专用发票上注明的价款为3 000元，增值税税额为270元，物资已验收入库。建造流水线领用所购全部物资；领用生产用材料一批，成本为51 400元；发生工程建造人员薪酬6 000元；耗用辅助生产车间提供劳务费用2 040元；以银行存款支付工程其他费用1 200元。工程建造完工，交付使用。

(4) 收到甲公司投入的不需要安装设备一台，该设备在甲公司的账面记录为：原始价值600 000元，已提折旧270 000元。接受投资时，投资合同约定的价值为500 000元，占企业注册资本的10%。企业以银行存款支付装卸费，取得的增值税专用发票上注明的价款为11 000元，增值税税额为990元。企业接受甲公司投资后，将其注册资本变更为4 000 000元。设备抵达后验收并交付生产车间使用。

(5) 接受乙公司捐赠不需要安装的机器一台，该机器市场价格为400 000元，估计九成新。企业以银行存款支付运输费，取得的增值税专用发票上注明的价款为10 000元，增值税税额为900元。

要求：

(1) 根据上述资料，计算2020年度取得的各项固定资产的入账价值。

(2) 根据上述资料，编制2020年度取得各项固定资产的会计分录(假定增值税当月已认定可抵扣)。

3. 某增值税一般纳税人2020年4月1日，购入一台需要安装的生产设备，取得的增值税专用发票上注明的价款为120 000元，增值税税额为15 600元，款项尚未支付。该设备购入后当即交付安装，领用原材料15 000元，发生安装人员薪酬3 600元，负担辅助生产车间提供服务费用3 400元，以银行存款支付安装费用18 000元。该设备于4月30日安装完毕，交付生产车间使用。该设备预计使用年限为5年，预计净残值率为5%，采用双倍余额递减法计提折旧。

该企业将使用了两年的该设备出售，开出的增值税专用发票上注明的价款为100 000元，增值税税额为13 000元，款项已收到并存入银行。出售过程中，以现金支付清理费用，取得的增值税普通发票上注明的价款为900元。

要求：

① 编制取得该设备的会计分录。

② 编制第二年每月计提该设备折旧的会计分录。
③ 编制出售该设备的会计分录。

4. 甲公司的一幢管理用房遭火灾烧毁。其原价为 400 000 元，累计折旧 160 000 元，发生清理费用 15 000 元，收到保险公司赔偿 120 000 元，残料变价收入 10 000 元。

要求：根据上述业务，编制甲公司的相关会计分录。

5. 甲公司有一条生产线，原价为 1 400 000 元，预计使用年限为 6 年，预计净残值为 0，采用直线法计提折旧。该生产线已使用 3 年，已提折旧 700 000 元。2020 年 12 月对该生产线进行更新改造，以银行存款支付改良支出 240 000 元。改造后的生产线预计还可使用 4 年，预计净残值为 0。

要求：根据上述资料，编制甲公司的相关会计分录。

6. 2020 年 12 月 31 日，甲公司的一条生产线可能有发生减值的迹象。经计算，该生产线的可收回金额为 750 000 元，账面价值为 810 000 元，以前年度未对该生产线计提过减值准备。

要求：编制上述业务的会计分录。

7. 某企业年终财产清查时，发现盘亏设备一台，账面原价为 350 000 元，已提折旧 240 000 元，已提减值准备 25 000 元。

要求：编制上述业务的会计分录。

项目七 无形资产与其他长期资产的核算

【训练目标】

- 理解无形资产的概念与内容。
- 明确无形资产的确认和计价。
- 掌握无形资产摊销额的计算。
- 熟练掌握无形资产初始计量、后续计量、处置、报废的核算。
- 了解其他长期资产的范围和核算。

一、单项选择题

1. 按照现行规定，下列各项中，股份有限公司应作为无形资产入账的是(　　)。
   A. 开办费
   B. 商誉
   C. 为获得土地使用权支付的土地出让金
   D. 开发新技术过程中发生的研究开发费

2. 企业确认的无形资产减值应计入(　　)。
   A. 资产减值损失　　　　　　B. 管理费用
   C. 坏账准备　　　　　　　　D. 其他业务成本

3. A公司为甲、乙两个股东共同投资设立的股份有限公司。经营一年后，甲、乙股东之外的另一个投资者丙要求加入A公司。经协商，甲、乙同意丙以一项非专利技术投入，三方确认该非专利技术的价值是100万元。该项非专利技术在丙公司的账面余额为120万元，市价为100万元，则该项非专利技术在A公司的入账价值为(　　)万元。
   A. 100　　　　B. 120　　　　C. 0　　　　D. 150

4. A公司2020年3月1日开始自行开发成本管理软件，在研究阶段发生材料费用10万元，开发阶段发生开发人员工资100万元、福利费20万元、支付租金30万元。开发阶段的支出满足资本化条件。2020年3月16日，A公司成功自行开发该成本管理软件，并依法申请了专利，支付注册费1万元，律师费2.5万元，并于2020年3月20日为向社会展示其成本管理软件，特举办了大型宣传活动，支付费用50万元，则A公司无形资产的入账价值应为(　　)万元。
   A. 213.5　　　B. 3.5　　　C. 153.5　　　D. 163.5

5. 企业在研发阶段发生的无形资产支出应先记入(　　)账户。
   A. 无形资产　　B. 管理费用　　C. 研发支出　　D. 累计摊销

6. 下列属于无形资产后续支出的是(　　)。
   A. 相关宣传活动支出　　　　B. 无形资产研究费用
   C. 无形资产开发支出　　　　D. 无形资产购买价款

7. 无形资产的期末余额在借方，反映企业无形资产的(　　)。
   A. 成本　　B. 摊余价值　　C. 账面价值　　D. 可收回金额

8. A公司于2018年1月5日购入专利权支付价款225万元。该无形资产预计使用年限为7年，法律规定年限为5年。2019年12月31日，由于与该无形资产相关的经济因素发生不利变化，致使其发生减值，A公司估计可收回金额为90万元。假定无形资产按直线法进行摊销，则至2020年年底，无形资产的累计摊销额为(　　)万元。
   A. 30　　　　B. 45　　　　C. 135　　　　D. 120

9. 企业摊销自用的、使用寿命确定的无形资产时，借记管理费用账户，贷记(　　)账户。
   A. 无形资产　　B. 累计摊销　　C. 累计折旧　　D. 无形资产减值准备

10. 在会计期末，股份有限公司所持有的无形资产的账面价值高于其可收回金额的差额，应当记入( )账户。
    A. 管理费用　　　　　　　　　B. 资产减值损失
    C. 其他业务成本　　　　　　　D. 营业外支出

11. 2020 年 1 月 1 日，乙公司将某专利权的使用权转让给丙公司，每年收取租金 10 万元，适用增值税税率为 6%，不考虑其他税费。转让期间乙公司不使用该项专利。该专利权系乙公司于 2019 年 1 月 1 日购入的，初始入账价值为 10 万元，预计使用年限为 5 年。该无形资产按直线法摊销。假定不考虑其他因素，乙公司 2020 年度因该专利权形成的其他业务利润为( )万元。
    A. -2　　　　　B. 7.5　　　　　C. 8　　　　　D. 9.5

12. 甲公司以 200 万元的价格对外转让一项无形资产。该项无形资产系甲公司以 360 万元的价格购入，购入时该无形资产预计使用年限为 10 年，法律规定的有效使用年限为 12 年。转让时该无形资产已使用 5 年，转让该无形资产适用增值税税率为 6%，不考虑其他税费，该无形资产已计提减值准备 20 万元。该无形资产按直线法摊销。甲公司转让该无形资产所获得的净收益为 ( )万元。
    A. 10　　　　　B. 20　　　　　C. 30　　　　　D. 40

13. 企业购入的土地使用权，按规定支付的土地出让金应当( )。
    A. 作为固定资产价值处理　　　B. 作为无形资产处理
    C. 作为当期费用处理　　　　　D. 作为长期待摊费用处理

14. 无形资产预期不能为企业带来经济利益时，应予以报废，其账面价值应列入( )。
    A. 营业外支出　　　　　　　　B. 管理费用
    C. 其他业务成本　　　　　　　D. 长期待摊费用

15. 接受投资者投入的无形资产，应按( )入账。
    A. 同类无形资产的价格
    B. 该无形资产可能带来的未来现金流量之和
    C. 投资合同约定的价值
    D. 投资者无形资产账面价值

16. 企业出售无形资产发生的净损失，应记入( )账户。
    A. 资产处置损益　　　　　　　B. 其他业务成本
    C. 主营业务成本　　　　　　　D. 管理费用

17. 企业出租无形资产取得的收入，应当记入( )账户。
    A. 主营业务收入　　　　　　　B. 其他业务收入
    C. 投资收益　　　　　　　　　D. 营业外收入

18. 自创并经法律程序申请取得的无形资产，其申请登记费应记入( )账户。
    A. 管理费用　　　　　　　　　B. 无形资产
    C. 其他业务成本　　　　　　　D. 销售费用

19. 自用无形资产的摊销,一般应记入( )账户。
    A. 制造费用   B. 财务费用   C. 销售费用   D. 管理费用
20. 企业出售无形资产取得的净收益应记入( )账户。
    A. 资产处置损益   B. 其他业务收入
    C. 冲减管理费用   D. 主营业务收入

二、多项选择题

1. 外购无形资产的成本,包括( )。
   A. 购买价款
   B. 进口关税
   C. 其他相关税费
   D. 直接归属于使该项资产达到预定用途所发生的其他支出
2. 投资者投入无形资产的成本,应当按( )确定,但该金额不公允的除外。
   A. 投资合同约定的价值   B. 公允价值
   C. 投资方无形资产的账面价值   D. 协议约定的价值
3. 下列各项中,企业应确认为无形资产的有( )。
   A. 吸收投资取得的土地使用权
   B. 购买的土地使用权
   C. 自行开发并按法律程序申请取得的无形资产
   D. 无偿划拨取得的土地使用权
4. 企业内部研究开发项目开发阶段的支出,同时满足下列( )条件的,才能确认为无形资产。
   A. 完成该无形资产以使其能够使用或出售,在技术上具有可行性
   B. 具有完成该无形资产并使用或出售的意图
   C. 无形资产产生经济利益的方式,包括能够证明运用该无形资产生产的产品存在市场或无形资产自身存在市场,无形资产将在内部使用的,应当证明其有用性
   D. 有足够的技术、财务资源和其他资源支持,以完成该无形资产的开发,并有能力使用或出售该无形资产
   E. 归属于该无形资产开发阶段的支出能够可靠地计量
5. 下列各项中,会引起无形资产账面价值发生增减变动的有( )。
   A. 期末计提无形资产减值准备   B. 发生无形资产的后续支出
   C. 摊销无形资产的成本   D. 转让无形资产的所有权
   E. 转让无形资产的使用权
6. 下列有关无形资产会计处理的表述中,正确的有( )。
   A. 无形资产后续支出应该在发生时计入当期损益
   B. 企业自用的、使用寿命确定的无形资产的摊销金额,应该全部计入当期管理费用

C. 不能为企业带来经济利益的无形资产的摊余价值，应该全部转入当期管理费用

D. 使用寿命有限的无形资产应当在取得当月起开始摊销

7. 关于内部研究开发费用的确认和计量，下列说法中，正确的有（　　）。
   A. 企业研究阶段的支出应全部费用化，计入当期损益
   B. 企业研究阶段的支出应全部资本化，计入无形资产成本
   C. 企业开发阶段的支出应全部费用化，计入当期损益
   D. 企业开发阶段的支出应全部资本化，计入无形资产成本
   E. 开发成功后的注册登记、法律咨询费用也能资本化

8. 企业确定无形资产的使用寿命通常应当考虑的因素有（　　）。
   A. 该资产通常的产品寿命周期、可获得的类似资产使用寿命的信息
   B. 技术、工艺等方面的现阶段情况及对未来发展趋势的估计
   C. 以该资产生产的产品（或服务）的市场需求情况
   D. 现在或潜在的竞争者预期采取的行动

9. 下列有关无形资产的后续计量中，说法不正确的有（　　）。
   A. 使用寿命不确定的无形资产，其应摊销的金额应该按10年进行摊销
   B. 无形资产的摊销方法必须采用直线法进行摊销
   C. 使用寿命不确定的无形资产应该按照系统、合理的方法摊销
   D. 企业无形资产的摊销方法应当反映与该项无形资产有关的经济利益的预期实现方式

10. 下列有关无形资产的会计处理中，不正确的有（　　）。
    A. 转让无形资产使用权所取得的收入应计入营业外收入
    B. 使用寿命不确定的无形资产不应摊销
    C. 转让无形资产所有权所发生的支出应计入其他业务成本
    D. 购入但尚未投入使用、使用寿命确定的无形资产的价值不应进行摊销

三、判断题

1. 无形资产是指企业为生产商品、提供劳务、出租给他人或为管理目的而持有的、没有实物形态的非货币性长期资产。（　　）

2. 某企业以50万元外购一项专利权，同时还发生相关费用6万元，则该外购专利权的入账价值为56万元。（　　）

3. 企业为首次发行股票和为非首次发行股票而接受投资者投入的无形资产，均应按投资合同或协议约定的价值作为实际成本，但合同或协议约定价值不公允的除外。（　　）

4. 对自行开发并按法律程序申请取得的无形资产，按在研究与开发过程中发生的材料费用、直接参与开发人员的工资及福利费、开发过程中发生的租金、借款费用，以及注册费、聘请律师费等费用作为无形资产的实际成本。（　　）

5. 已计入各期费用的研究费用，在该项无形资产获得成功并依法申请专利时，再将原已计入费用的研究费用予以资本化。（　　）

6. 企业自己研发的无形资产的成本，是指符合资本化条件的研发支出，不包括费用化的研发支出。（　　）

7. 无形资产的后续支出应判断是否可以资本化，符合资本化条件的应予以资本化，计入无形资产成本；不符合资本化条件的应直接计入当期费用。（　　）

8. 使用寿命确定的无形资产的摊销应计入管理费用。（　　）

9. 无形资产摊销时，应该冲减无形资产的成本。（　　）

10. "无形资产"账户的期末余额在借方，反映企业无形资产的账面价值。（　　）

11. 企业应根据期末无形资产公允价值的一定比例计提减值准备。（　　）

12. 无形资产预期不能为企业带来经济利益的，应将无形资产的账面价值转入"管理费用"账户。（　　）

13. 由于出售无形资产属于企业的日常活动，因此出售无形资产所取得的收入应通过"其他业务收入"账户核算。（　　）

14. 无形资产是企业拥有或者控制的没有实物形态的非货币性资产，分为可辨认的无形资产和不可辨认的无形资产。（　　）

15. 企业至少应当于每年年度终了时，对使用寿命有限的无形资产的使用寿命及摊销方法进行复核。无形资产的使用寿命及摊销方法与以前估计不同的，应当改变摊销期限和摊销方法。（　　）

16. 《企业会计准则》规定，无形资产应当自取得月份的下一个月份起在预计使用年限内平均摊销。（　　）

17. 企业的无形资产均应按照直线法进行摊销。（　　）

18. 无形资产的残值都为零。（　　）

19. 使用寿命不确定的无形资产不用进行摊销，也不用进行减值测试计提减值准备。（　　）

20. 无形资产预期不能为企业带来经济利益的，应当将该无形资产的账面价值予以转销。（　　）

四、实务操作题

1. 甲公司无形资产方面发生以下业务。

(1) 购入一项商标权，以银行存款支付买价及有关费用共计 120 000 元。

(2) 该商标权的法定有效期限为 10 年，主要用于公司生产产品，预计净残值为零，采用直线法摊销。

(3) 公司在使用 3 年后将该项商标权以 90 000 元不含增值税的价格出售转让给其他企业，适用的增值税税率为 6%。

(4) 为扩大公司某注册商标产品的销路，以银行存款 350 000 元一次性支付给电视台一笔广告费。

(5) 原一项无形资产实际成本 500 000 元，摊销期限 10 年，已摊销一年，由于与该无形资产相关的因素发生不利变化，公司估计其可收回金额为 340 000 元。

(6) 公司出租商标权每年取得收入 36 000 元(不含增值税税款)，存入银行，该商标权账面价值 180 000 元，受益年限为 10 年，已使用 3 年，转让过程中以银行存款支付出租无形资产的相关费用 2 000 元，并按 6% 的增值税税率计算出租商标权的应交增值税。

(7) 从某公司购入一块土地，以银行存款实际支付价款 2 100 万元，购入的土地用于建造公司厂房。

(8) 某项专利权由于科技进步的原因，已失去使用价值，预期不能为企业带来经济利益，决定将该专利权的账面价值予以转销，该专利权账面原价为 100 000 元，已摊销 20 000 元，已计提减值准备 28 000 元。

要求：根据上述资料，编制必要的会计分录。

2. 某公司正在研究和开发一项新工艺，2019 年 1—9 月发生的各项研究、调查、试验等费用 100 万元，2019 年 10—12 月发生材料、人工等各项支出 60 万元，在 2019 年 9 月末，该公司已经可以证实该项新工艺必然开发成功，并达到无形资产确认标准。2020 年 1—6 月又发生材料费用、直接参与开发人员的工资、场地设备等租金和注册费等支出 240 万元。2020 年 6 月末该项新工艺完成，达到了预定可使用状态。

要求：根据上述经济业务作出相关的会计处理(金额单位用万元表示)。

3. 某公司 2016 年 1 月 1 日以银行存款 300 万元购入一项专利权。该项无形资产的预计使用年限为 10 年，2019 年年末预计该项无形资产的可收回金额为 100 万元，尚可使用年限为 5 年。另外，该公司 2017 年 1 月内部研发成功并可供使用非专利技术的无形资产账面价值 150 万元，无法预见这一非专利技术为企业带来未来经济利益期限，2019 年年末预计其可收回金额为 130 万元，预计该非专利技术可以继续使用 4 年，该企业按直线法摊销无形资产。

要求：计算 2019 年计提无形资产减值准备和 2020 年的摊销金额，并编制相关的会计分录。

4. 甲公司 2017—2020 年有关无形资产业务的资料如下。

(1) 2017 年 12 月 1 日，以银行存款 300 万元购入一项无形资产(不考虑相关税费)。该无形资产的预计使用年限为 10 年，采用直线法摊销该无形资产。

(2) 2019 年 12 月 31 日，对该无形资产进行减值测试时，该无形资产的预计未来现金流量现值为 190 万元，公允价值减去处置费用后的金额为 180 万元。减值测试后该资产的使用年限不变。

(3) 2020 年 4 月 1 日，将该无形资产对外出售，取得价款 260 万元并收存银行(不考虑相关税费)。

要求：
① 编制购入该无形资产的会计分录。
② 计算 2017 年 12 月 31 日无形资产的摊销金额。
③ 编制 2017 年 12 月 31 日摊销无形资产的会计分录。
④ 计算 2018 年 12 月 31 日该无形资产的账面价值。
⑤ 计算该无形资产 2019 年年底计提的减值准备金额并编制会计分录。
⑥ 计算该无形资产出售形成的净损益。

⑦ 编制该无形资产出售的会计分录。

(注：金额单位用万元表示。)

5. 2019年年末，甲企业在对外购专利权的账面价值进行检查时，发现市场上已存在类似专利技术所生产的产品，从而对甲企业产品的销售造成重大不利影响。该专利权的原入账价值为8 000万元，已累计摊销1 500万元(包括2019年的摊销额)，该无形资产按直线法进行摊销。该专利权的摊余价值为6 500万元，剩余摊销年限为5年。按2019年年末的技术市场的行情，如果甲企业将该专利权予以出售，则在扣除发生的律师费和其他相关税费后，可以获得6 000万元。但是，如果甲企业打算继续利用该专利权进行产品生产，则在未来5年内预计可以获得的未来现金流量的现值为4 500万元(假定使用年限结束时处置收益为0)。2020年3月，甲企业将该专利权出售，所得的不含税价款为5 600万元，应缴纳的增值税税额为336万元(适用增值税税率为6%，不考虑其他税费)，全部款项已收存银行。

要求：计算2019年计提无形资产减值准备和编制2020年出售专利权的会计分录(金额单位用万元表示)。

6. 甲公司向外单位租入一项管理部门使用的固定资产，公司对该项固定资产进行技术改良，改良工程与固定资产连成一体不可分离，已用存款支付工程支出96 000元，当月完工交付使用，租赁期3年，经检验该固定资产尚可使用年限为6年。

要求：编制发生工程支出和第一年工程摊销的会计分录。

项目八 流动负债的核算

【训练目标】

- 熟悉各种流动负债的内容。
- 掌握短期借款、应付账款、应付票据的核算。
- 掌握工资核算方法和企业一般应交税费的计算方法。
- 明确应付职工薪酬、应交税费的内容,掌握其核算方法。

一、单项选择题

1. 下列资产负债表的各项目中，不属于流动负债的是( )。
   A. 预收账款　　　　　　　　B. 应付利息
   C. 预付账款　　　　　　　　D. 一年内到期的长期借款

2. 假设企业每月末计提利息，2020年1月1日从银行借款200 000元，期限1年，年利率6%。按银行规定于每季度末收取短期借款利息，2020年3月份企业支付短期借款利息应当作( )会计处理。
   A. 借：财务费用　　　　　　　1 000
       贷：银行存款　　　　　　　　　1 000
   B. 借：财务费用　　　　　　　3 000
       贷：银行存款　　　　　　　　　3 000
   C. 借：财务费用　　　　　　　2 000
       应付利息　　　　　　　　1 000
       贷：银行存款　　　　　　　　　3 000
   D. 借：财务费用　　　　　　　1 000
       应付利息　　　　　　　　2 000
       贷：银行存款　　　　　　　　　3 000

3. 企业因债权人撤销而转销无法支付的应付账款时，应将所转销的应付账款计入( )。
   A. 资本公积　　　B. 营业外收入　　　C. 预付账款　　　D. 其他业务收入

4. 某一般纳税企业采用托收承付结算方式从其他企业购入原材料一批，货款为200 000元，增值税税额为26 000元，对方代垫运杂费5 000元，该原材料已经验收入库。该购买业务所发生的应付账款的入账价值为( )元。
   A. 231 000　　　B. 234 000　　　C. 205 000　　　D. 200 000

5. 如果企业不设置"预收账款"账户，则应将预收的货款记入( )。
   A. "应收账款"的借方　　　　　　B. "应收账款"的贷方
   C. "应付账款"的借方　　　　　　D. "应付账款"的贷方

6. 甲公司为增值税一般纳税人，适用的增值税税率为13%。2020年1月，甲公司董事会决定将本公司生产的500件产品作为福利发放给公司管理人员。该批产品的单件成本为1.4万元，市场销售价格为每件2万元(不含增值税)。不考虑其他相关税费，甲公司在2020年因该项业务应计入管理费用的金额为( )万元。
   A. 700　　　B. 870　　　C. 1 000　　　D. 1 130

7. 下列项目中，不属于职工薪酬的是( )。
   A. 职工工资　　　　　　　　　B. 职工福利费
   C. 医疗保险费　　　　　　　　D. 职工出差报销的飞机票

8. 下列职工薪酬中，不应当根据职工提供服务的受益对象计入成本费用的是( )。
   A. 工会经费
   B. 构成工资总额的各组成部分
   C. 因解除与职工的劳动关系给予的补偿
   D. 医疗保险费、养老保险费、失业保险费等社会保险费

9. 企业在无形资产研究阶段发生的职工薪酬，应当( )。
   A. 计入当期损益 B. 计入在建工程成本
   C. 计入无形资产成本 D. 计入固定资产成本

10. 企业发生的下列税金中，能计入固定资产价值的是( )。
    A. 房产税 B. 车船税 C. 土地使用税 D. 进口关税

11. 委托加工应纳消费税物资(非金银首饰)收回后直接出售的应税消费品，其由受托方代扣代缴的消费税，应记入( )账户。
    A. 管理费用 B. 委托加工物资
    C. 税金及附加 D. 应交税费——应交消费税

12. 委托加工的应税消费品收回后连续进行生产应税消费品的，由受托方代扣代缴的消费税，委托方应借记的会计科目是( )。
    A. 委托加工物资 B. 税金及附加
    C. 应交税费——应交消费税 D. 受托加工物资

13. 小规模纳税企业购入原材料取得的增值税专用发票上注明：货款100万元，增值税税额13万元，在购入材料的过程中另支付运杂费1万元，则该企业原材料的入账价值为( )万元。
    A. 100 B. 101 C. 117 D. 114

14. 关于应付股利，下列说法中正确的是( )。
    A. 应付股利是指企业根据股东大会或类似机构审议批准的利润分配方案确定分配给投资者的现金股利或利润
    B. 应付股利是指企业董事会或类似机构通过的分配给投资者的现金股利或利润
    C. 企业应根据董事会或类似机构审议批准的利润分配方案进行会计处理
    D. 企业不应根据董事会或类似机构审议批准的利润分配方案进行会计处理，也不在附注中披露

15. 下列各项中，应通过"其他应付款"账户核算的是( )。
    A. 应付现金股利 B. 应交教育费附加
    C. 应付租入包装物租金 D. 应付管理人员工资

二、多项选择题

1. 下列经济业务或事项中，属于负债的有( )。
   A. 预收账款 B. 应交的教育费附加
   C. 预付账款 D. 借款计划

2. 短期借款利息核算涉及的账户有( )。
   A. 银行存款　　B. 应付利息　　C. 财务费用　　D. 短期借款
3. 下列关于应付账款的处理中,正确的有( )。
   A. 货物与发票账单同时到达,待货物验收入库后,按发票账单登记入账
   B. 货物已到但发票账单未同时到达,待月份终了时暂估入账
   C. 应付账款一般按到期应付金额的现值入账
   D. 如果购入的资产在形成一笔应付账款时是带有现金折扣的,入账时不考虑现金折扣
4. 下列项目中,属于其他应付款核算范围的有( )。
   A. 应付管理人员工资　　　　　　B. 应付经营租入固定资产租金
   C. 应付租入包装物租金　　　　　D. 应付、暂收所属单位、个人的款
5. 企业在"应交税费——应交增值税"账户借方设置的专栏有( )。
   A. 销项税额　　　　　　　　　　B. 进项税额
   C. 进项税额转出　　　　　　　　D. 已缴税金
6. 下列税金中,应计入存货成本的有( )。
   A. 由受托方代扣代缴的委托加工直接用于对外销售的商品负担的消费税
   B. 由受托方代扣代缴的委托加工继续用于生产应纳消费税的商品负担的消费税
   C. 小规模纳税企业购进货物应缴纳的增值税
   D. 一般纳税企业进口原材料缴纳的进口关税
7. 下列各项中,通过"税金及附加"账户核算的有( )。
   A. 增值税　　　　　　　　　　　B. 城市维护建设税
   C. 教育费附加　　　　　　　　　D. 印花税
8. 职工薪酬中的工资总额包括( )。
   A. 计时工资、计件工资和加班加点工资
   B. 经常性奖励
   C. 工资性津贴和补贴
   D. 支付给职工的困难补助
9. 按规定在计算下列应缴纳的税金时计入"税金及附加"账户的有( )。
   A. 城市维护建设税　　　　　　　B. 土地使用税
   C. 车船税　　　　　　　　　　　D. 房产税
10. 下列项目中,属于职工薪酬的有( )。
    A. 住房公积金　　　　　　　　　B. 工会经费
    C. 非货币性福利　　　　　　　　D. 辞退福利

三、判断题

1. 流动负债就是偿还期限在一年之内的负债。　　　　　　　　　　　　　( )
2. 不带息票据到期需要偿付的金额,就是票据的票面金额。　　　　　　　( )
3. 预收货款不多的企业,可以不设"预收账款"账户,而将预收货款记入"应付

账款"账户。   (   )

4. 银行承兑汇票到期日付款人账户不足支付时，开户银行应代为付款。(   )

5. 企业赊购材料形成的应付账款应采用净价法入账。   (   )

6. 商业承兑汇票到期日企业无力付款时，只须将"应付票据"账户的账面余额转入"应付账款"账户。   (   )

7. 我国会计实务中，流动负债应按照未来应付金额的现值计价。   (   )

8. 职工薪酬中的非货币性福利，应当根据职工提供服务的受益对象分别计入成本费用。   (   )

9. 企业短期借款计提的利息应根据短期借款使用部门的不同，分别计入管理费用、财务费用、生产成本等账户。   (   )

10. 工会经费和职工教育经费不属于职工薪酬的范围，不通过"应付职工薪酬"账户核算。   (   )

11. 小规模纳税企业购入货物无论是否具有增值税专用发票，其支付的增值税税额均不计入进项税额，不得由销项税额抵扣，而计入购入货物的成本。(   )

12. 小规模纳税企业购入货物及接受应税劳务支付的增值税税额，无论是否取得增值税专用发票，均应计入有关货物及劳务的成本。   (   )

13. 按照规定，委托加工应交消费税的材料收回后，用于连续生产应交消费税产品，由受托方代收代缴的消费税，应计入委托加工材料的成本。   (   )

14. 应付股利是指企业根据董事会或类似机构审议批准的利润分配方案确定分配给投资者的现金股利或利润。   (   )

15. 企业应付各种赔款、应付租金、应付存入保证金等应在"其他应付款"等账户核算。   (   )

四、实务操作题

1. 2020年3月1日，甲公司销售一批产品给A公司，款项尚未收到。双方约定，A公司应于2020年9月30日付款。2020年4月1日，甲公司因急需流动资金，经与中国银行协商，以应收A公司货款为质押取得3个月期限的流动资金借款600 000元，年利率为5%，利息月末计提，到期一次还本付息。假定不考虑其他因素。

要求：编制甲公司相关的账务处理。

2. 乙公司预售产品给B公司，要求B公司预付80 000元。一个月后，乙公司将产品发往B公司，开出的增值税发票上注明价款100 000元、增值税税额13 000元，B公司以银行存款支付剩余货款。

要求：编制乙公司相关的会计分录。

3. 某企业为增值税一般纳税人，适用的增值税税率为13%，材料按实际成本核算。2020年6月1日，"应交税费——应交增值税"账户有借方余额1 800元。2020年6月份，该企业发生如下业务。

(1) 购进原材料一批，取得的原材料价款10 000元，增值税税额为1 300元，价款项已支付，购买材料取得的增值税专用发票中列示的增值税已经税务机关认证可予抵扣，所购材料已验收入库。

(2) 企业销售商品一批，增值税专用发票上注明的价款为 100 000 元，增值税税额为 13 000 元。

(3) 本月福利部门在建工程领用库存商品一批，成本为 10 000 元，计税价格为 15 000 元。

(4) 以库存商品向股东支付股利。该批库存商品成本为 8 500 元，计税价格为 10 000 元。

(5) 月末原材料盘亏 1 000 元，转出增值税 130 元；经查明属非正常损失，经董事会批准予以转销。

(6) 本月缴纳该月增值税 12 000 元。

要求：

(1) 计算该企业 6 月份应缴纳增值税额。

(2) 根据上述资料，编制会计分录。

4. 某企业为增值税一般纳税人，2020 年 4 月份发生如下经济业务：2020 年 4 月份的工资薪酬总额 400 000 元，其中生产产品工人的工资薪酬为 230 000 元，企业管理人员的工资薪酬为 70 000 元，在建工程人员的工资薪酬为 40 000 元，产品销售人员的工资薪酬为 20 000 元，新产品研发人员的工资薪酬(非资本化部分)为 30 000 元，医务福利部门人员的工资薪酬为 10 000 元。该企业职工住房公积金由企业负担 50%，职工个人负担 50%。企业按照职工工资薪酬总额的 10%为职工缴纳住房公积金，职工个人负担由企业代扣代缴。

要求：根据上述经济业务编制会计分录。

项目九 非流动负债的核算

【训练目标】

- 熟悉非流动负债的内容。
- 掌握长期借款、应付债券利息费用的计算方法。
- 能够分析和处理长期借款的各项经济业务。
- 能够分析和处理应付债券发行、计息摊销和还本付息的经济业务。

一、单项选择题

1. 下列项目中,不属于非流动负债的是( )。
   A. 长期借款　　B. 实收资本　　C. 应付债券　　D. 长期应付款
2. 应付债券票面利率会影响债券的发行价格,假如债券是溢价发行,则票面利率( )。
   A. 等于发行时的市场利率　　　　B. 高于发行时的市场利率
   C. 低于发行时的市场利率　　　　D. 无法得出结论
3. 企业折价发行债券意味着( )。
   A. 将来多付利息而预先得到的补偿
   B. 将来多付利息而预先付出的代价
   C. 将来少付利息而预先得到的补偿
   D. 将来少付利息而预先付出的代价
4. 用于购建固定资产的长期借款,在所购建的固定资产达到预定可使用状态之前,其符合资本化条件的利息费用应记入( )账户的借方。
   A. 长期借款　　B. 在建工程　　C. 财务费用　　D. 预计负债
5. 企业为建造固定资产而发行长期债券,在该固定资产完工交付使用后,债券的利息费用应当记入的账户是( )。
   A. 财务费用　　B. 管理费用　　C. 在建工程　　D. 固定资产
6. 企业以溢价方式发行债券时,每期实际负担的利息费用是( )。
   A. 按实际利率计算的利息费用
   B. 按实际利率计算的应计利息减去应摊销的溢价
   C. 按实际利率计算的应计利息加上应摊销的溢价
   D. 按票面利率计算的应计利息加上应摊销的溢价
7. 企业折价发行债券筹资时,其每期应负担的实际利息为( )。
   A. 债券面值×票面利率
   B. 债券账面价值×票面利率
   C. 债券票面利息与折价摊销额之差
   D. 债券票面利息与折价摊销额之和
8. 企业发行债券实际取得的金额超过其票面价值时,其超额部分应记入( )账户。
   A. 财务费用　　　　　　　　B. 资本公积
   C. 长期股权投资　　　　　　D. 应付债券
9. 按《企业会计准则第21号——租赁》的规定,融资租赁的承租人应当将租赁开始日租赁资产的公允价值与最低租赁付款额的现值这两者( )作为租赁资产的入账价值。
   A. 较低者　　B. 较大者　　C. 平均值　　D. 总和
10. 2017年1月1日,企业以630万元的价格发行5年期债券600万元。该债券到期一次还本付息,票面年利率为5%,则企业2020年12月31日"应付债券——应计利息"账户的数额为( )万元。

A. 24　　　　　B. 30　　　　　C. 114　　　　　D. 120

二、多项选择题

1. 企业为了核算对外发行的公司债券,应当在"应付债券"账户下设置的明细账户有( )。
　　A. 面值　　　　B. 利息调整　　　C. 应计利息
　　D. 溢折价　　　E. 交易费用

2. 应付债券利息调整的摊销,可采用的方法有( )。
　　A. 成本法　　　B. 权益法　　　　C. 直线法
　　D. 实际利率法　E. 一次摊销法

3. 借款费用是指企业因借入资金而发生的利息及其他相关成本,包括( )。
　　A. 借入资金而发生的利息　　　　B. 发行债券而发生的折价或溢价的摊销
　　C. 借款过程中的辅助费用　　　　D. 外币借款发生的汇兑差额
　　E. 发行股票支付的手续费

4. 影响企业债券发行价格的通常有( )等因素。
　　A. 债券面值　　　　　　　　　　B. 票面利率
　　C. 期限　　　　　　　　　　　　D. 利息支付方式
　　E. 同期市场利率水平

5. 公司债券作为一种有价证券,其票面上一般都载明有( )。
　　A. 债券面值　　　　　　　　　　B. 票面利率
　　C. 利息支付方式　　　　　　　　D. 还本期限和还本方式
　　E. 市场利率

6. 企业按面值发行一次还本付息债券,按期计提利息时,可能涉及的会计账户有( )。
　　A. 财务费用　　B. 在建工程　　　C. 应付债券　　　D. 应付利息

7. 通常情况下,企业发行债券时的应付债券账面价值等于( )。
　　A. 面值与利息调整之差,如果该债券是溢价发行的债券
　　B. 面值与利息调整之差,如果该债券是折价发行的债券
　　C. 面值与利息调整之和,如果该债券是溢价发行的债券
　　D. 面值与利息调整之和,如果该债券是折价发行的债券
　　E. 面值,如果该债券是平价发行,并假定没有交易费用

8. 对于一次还本付息的债券,到期日在尚未还本付息时相关账面上只剩下( )账户可能有余额。
　　A. 应付债券——面值　　　　　　B. 应付债券——利息调整
　　C. 应付债券——应计利息　　　　D. 应付利息

E. 长期应付款

9. 长期借款所发生的利息支出，可能借记的账户有(　　)。
   A. 在建工程　　B. 销售费用　　C. 管理费用　　D. 财务费用

10. "应付债券"账户的贷方反映的内容有(　　)。
    A. 债券发行时产生的债券溢价　　B. 债券折价的摊销
    C. 期末计提应付债券利息　　　　D. 债券的发行费用

三、判断题

1. 如果其他条件不变，企业发行债券，当票面利率高于市场利率时，一般折价发行。(　　)

2. 当一项用借款建造的工程在较长时间内发生了非正常停工，其停工期间发生的借款费用应计入该项工程的成本中。(　　)

3. 债券溢价对发行者来说意味着将来多付利息预先收到的补偿，对投资者来说意味着将来多收利息预先付出的代价。(　　)

4. 非流动负债的利息既可能是分期支付，也可能是到期还本时一次支付。非流动负债的应付未付利息本身既可能是流动负债，也可能是非流动负债。(　　)

5. 借款费用是企业因借款而发生的利息及其他相关成本，是企业因借入资金所发生的代价。(　　)

6. 采用实际利率法摊销债券溢价，其目的是确定发行方实际负担的利息费用，使各期的利息费用随着债券账面价值的减少而减少。(　　)

7. 按目前我国现行的会计准则要求，应将发行债券的交易费用直接计入当期损益。(　　)

8. 对于一次还本付息的长期债券，债券到期日"应付债券"账户的账面余额是面值和"应付债券——应计利息"账户的合计数。(　　)

9. 融资租入的固定资产，虽然企业拥有实际使用权，但由于企业没有所有权，因此应将其登记在备查簿上，无须进行会计核算。(　　)

10. 债券在溢价发行的情况下，债券的摊余成本逐期减少，利息费用也就随之逐期增加。(　　)

四、实务操作题

1. 某企业于2018年1月1日取得银行专门贷款5 000万元，用于购建一条新的生产线，该项专门借款期限为3年，年利率为9%。新生产线工期预计为1年零5个月，于2019年6月1日完工交付使用。根据贷款合同约定，每年年末付息一次，到期一次偿还本金。假定不考虑闲置专门借款资金的利息收入或投资收益，且名义利率与实际利率均相同。

要求：编制该企业相关的会计分录。

2. 2015年12月31日，甲公司经批准发行5年期一次还本、分期付息的公司债券10 000 000元，债券利息在每年12月31日支付，票面利率为年利率6%。假定债券发行时的市场利率为 5%。甲公司该批债券实际发行价格为 10 432 700 元。

要求：编制甲公司相关的会计分录。

3. 2020 年 1 月 1 日，A 企业以融资租赁方式从融资租赁公司租入生产设备一台，租期为 10 年，约定每年年末支付租金 60 万元。租赁开始日确定的固定资产公允价值为 500 万元，最低租赁付款额的现值为 520 万元，租赁期满，设备的所有权转给承租企业。固定资产残值率为 5%，每年年末用年限平均法计提折旧，未确认的融资费用在租赁期内平均摊销。

要求：编制 A 企业相关的会计分录。

(1) 融资租赁日，租入设备时的会计分录。

(2) 每年年末支付租金的会计分录。

(3) 每年年末摊销未确认融资费用时的会计分录。

(4) 每年年末计提固定资产折旧的会计分录。

(5) 租赁期满，将固定资产转给承租人时的会计分录。

项目十 所有者权益的核算

【训练目标】

- 理解所有者权益的概念及内容。
- 掌握所有者权益的会计核算方法。
- 能够明确盈余公积的计提方法。
- 熟练掌握实收资本、资本公积、留存收益的核算方法。

一、单项选择题

1. 甲股份有限公司委托 A 证券公司发行普通股 1 000 万股，每股面值 1 元，每股发行价格为 3 元。根据约定，股票发行成功后，甲股份有限公司应按发行收入的 2%向 A 证券公司支付发行费。如果不考虑其他因素，股票发行成功后，甲股份有限公司记入"资本公积"账户的金额应为(　　)万元。
   A. 20　　　　　B. 80　　　　　C. 1 940　　　　　D. 3 000

2. 某企业年初所有者权益总额 160 万元，当年以其中的资本公积转增资本 50 万元。当年实现净利润 300 万元，提取盈余公积 30 万元，向投资者分配利润 20 万元，则该企业年末所有者权益总额为(　　)万元。
   A. 360　　　　　B. 410　　　　　C. 440　　　　　D. 460

3. 企业增资扩股时，投资者实际缴纳的出资额大于其按约定比例计算的其在注册资本中所占的份额部分，应作为(　　)。
   A. 资本溢价　　B. 实收资本　　C. 盈余公积　　D. 营业外收入

4. 企业年初有未分配利润贷方余额 20 万元，本年实现利润总额 500 万元，所得税费用 125 万元，按 10%提取法定盈余公积，则当年的盈余公积提取金额为(　　)万元。
   A. 50　　　　　B. 37.5　　　　　C. 39.5　　　　　D. 52

5. 2020 年 1 月 1 日某企业所有者权益情况如下：实收资本 200 万元，资本公积 17 万元，盈余公积 38 万元，未分配利润 32 万元，则该企业 2020 年 1 月 1 日留存收益为(　　)万元。
   A. 32　　　　　B. 38　　　　　C. 70　　　　　D. 87

6. 某企业年初盈余公积余额为 500 万元，本年提取法定盈余公积 300 万元，用盈余公积转增资本 200 万元，则该企业盈余公积的年末余额为(　　)万元。
   A. 450　　　　　B. 500　　　　　C. 550　　　　　D. 600

7. 某公司委托证券公司发行股票 1 000 万股，每股面值 1 元，每股发行价格 8 元，向证券公司支付佣金 150 万元，发行股票冻结期间的利息收入为 100 万元，则该公司应贷记"资本公积——股本溢价"账户的金额为(　　)万元。
   A. 6 750　　　　　B. 6 850　　　　　C. 6 950　　　　　D. 7 000

8. 某企业 2020 年年初未分配利润的贷方余额为 200 万元，本年度实现的净利润为 100 万元，分别按 10%和 5%提取法定公积金和任意公积金。假定不考虑其他因素，则该企业 2020 年年末未分配利润的贷方余额应为(　　)万元。
   A. 205　　　　　B. 255　　　　　C. 270　　　　　D. 285

9. 企业用当年实现的利润弥补亏损时，应作出的会计处理是(　　)。
   A. 借记"本年利润"账户，贷记"利润分配——未分配利润"账户
   B. 借记"利润分配——未分配利润"账户，贷记"本年利润"账户
   C. 借记"利润分配——未分配利润"账户，贷记"利润分配——未分配利润"账户
   D. 无须专门作会计处理

10. 某企业年初未分配利润为 100 万元,本年净利润为 1 000 万元,按 10%计提法定盈余公积,按 5%计提任意盈余公积,宣告发放现金股利为 80 万元,则该企业期末未分配利润为( )万元。
    A. 855   B. 867   C. 870   D. 874

11. 某上市公司发行普通股 1 000 万股,每股面值 1 元,每股发行价格 5 元,支付手续费 20 万元,支付咨询费 60 万元,则该公司发行普通股记入股本的金额为( )万元。
    A. 1 000   B. 4 920   C. 4 980   D. 5 000

12. 股份有限公司采用收购本公司股票方式减资,购回股票支付的价款高于所冲减股本的差额,应首先冲减( )。
    A. 盈余公积
    B. 资本公积——股本溢价
    C. 资本公积——其他资本公积
    D. 未分配利润

13. 对有限责任公司而言,如有新投资者介入,新介入的投资者缴纳的出资额大于其按约定比例计算的其在注册资本中所占的份额部分,应记入的账户为( )。
    A. 实收资本   B. 营业外收入   C. 资本公积   D. 盈余公积

14. 下列会计事项中,会引起企业所有者权益总额发生变化的是( )。
    A. 从净利润中提取盈余公积   B. 用盈余公积弥补亏损
    C. 用盈余公积转增资本   D. 向投资者分配现金股利

15. 某企业年初未分配利润为 100 万元,本年实现的净利润为 200 万元,分别按 10%提取法定盈余公积和任意盈余公积,向投资者分配利润 150 万元,则该企业未分配利润为( )万元。
    A. 10   B. 90   C. 100   D. 110

16. 在股份有限公司,股东投入企业的资本金应通过( )账户进行核算。
    A. 实收资本   B. 资本公积   C. 盈余公积   D. 股本

17. 股份公司以发放股票股利的方式实现增资时,应借记"利润分配——转作股本股利"账户,贷记( )账户。
    A. 本年利润   B. 盈余公积   C. 股本   D. 资本公积

18. 社会募集股份公司减资时,如果原为溢价发行的,则收购价格高于面值的部分冲减有关所有者权益的顺序为( )。
    A. 资本公积,盈余公积,未分配利润
    B. 资本公积,未分配利润,盈余公积
    C. 未分配利润,资本公积,盈余公积
    D. 盈余公积,未分配利润,资本公积

19. 盈余公积是企业从( )中提取的公积金。
    A. 利润总额   B. 税后净利润   C. 营业利润   D. 税前利润

20. 股份有限公司溢价发行股票所支付的手续费,应首先( )。
    A. 在溢价收入中扣除   B. 计入开办费
    C. 由发起人负担   D. 计入财务费用

二、多项选择题

1. 企业吸收投资者出资时，下列会计账户的余额可能发生变化的有(　　)。
   A. 盈余公积　　B. 资本公积　　C. 实收资本　　D. 利润分配

2. 下列各项中，能影响所有者权益总额发生增减变动的有(　　)。
   A. 支付已宣告的现金股利　　B. 宣告派发现金股利
   C. 宣告派发股票股利　　D. 收到投资者投入的现金

3. 公司发行股票支付的手续费、佣金等发行费用，有可能作出的会计处理有(　　)。
   A. 计入财务费用
   B. 计入管理费用
   C. 从溢价中抵消
   D. 溢价不足以支付的部分，冲减盈余公积和未分配利润

4. 公司增加资本的主要途径有(　　)。
   A. 将资本公积转赠资本　　B. 将盈余公积转赠资本
   C. 发行新股票　　D. 销售收入转赠资本

5. 下列各项中，构成企业留存收益的有(　　)。
   A. 资本溢价　　B. 未分配利润
   C. 任意盈余公积　　D. 法定盈余公积

6. 下列各项中，不会引起所有者权益总额发生增减变动的有(　　)。
   A. 宣告发放股票股利　　B. 资本公积转增资本
   C. 盈余公积转增资本　　D. 接受投资者追加投资

7. 甲股份有限公司以收购本企业股票方式减资，在进行会计处理时，可能涉及的会计账户有(　　)。
   A. 股本　　B. 资本公积　　C. 财务费用　　D. 盈余公积

8. 同时引起资产和所有者权益发生增减变化的项目有(　　)。
   A. 减少实收资本　　B. 向投资者分配股票股利
   C. 用盈余公积弥补亏损　　D. 投资者投入资本

9. 盈余公积包括(　　)。
   A. 法定盈余公积　　B. 资本公积金
   C. 任意盈余公积　　D. 未分配利润

10. 企业发生的下列事项中，会引起留存收益总额发生变化的是(　　)。
    A. 分配股票股利　　B. 将盈余公积转增资本
    C. 宣告分配现金股利　　D. 以盈余公积引补亏损

三、判断题

1. 企业以盈余公积向投资者分配现金股利，不会引起留存收益总额的变动。(　　)
2. 企业接受非现金资产投资，应按该非现金资产在投资方的原账面价值确定非现金资产的价值和在注册资本中应享有的份额。(　　)

3. 盈余公积累计额已达注册资本的50%时可以不再提取。　　　　　　　（　）
4. 在按面值发行股票的情况下，公司发行股票支付的手续费、佣金等发行费用，直接计入当期财务费用。　　　　　　　　　　　　　　　　　　　　　（　）
5. 未分配利润的数额应等于企业当年实现的税后利润加上未分配利润年初数。（　）
6. 未分配利润的数额应等于企业当年实现的税后利润加上年初未分配利润再减去本年已分配利润。　　　　　　　　　　　　　　　　　　　　　　　　　（　）
7. 企业的实收资本也就是注册资本。　　　　　　　　　　　　　　　　（　）
8. 企业的资本一经注册，不得再进行更改。　　　　　　　　　　　　　（　）
9. 所有者权益和负债都是企业资金的来源，两者不存在本质上的区别。　（　）
10. 投资者投入企业的资金中，只有按投资者在企业注册资本比例计算的部分，才作为实收资本。　　　　　　　　　　　　　　　　　　　　　　　　　　（　）
11. 企业溢价发行股票超过面值的部分，按现行制度规定记入"资本公积——股本溢价"账户。　　　　　　　　　　　　　　　　　　　　　　　　　　　　　（　）
12. 公司发放股票股利并不影响企业的股东权益，只是改变了股东权益的结构。（　）
13. 企业收购的尚未转让或注销的库藏股票单独设立"库存股"账户核算。　（　）
14. 用盈余公积转增资本或弥补亏损，均不影响所有者权益总额的变化。　（　）
15. 盈余公积是所有者权益的一部分，在必要时应将其全部分配给投资者。（　）

四、实务操作题

1. 甲公司原由投资者A和投资者B共同出资成立，每人出资200 000元，各占50%的股份。经营两年后，投资者A和投资者B决定增加公司资本，此时有一新的投资者C要求加入甲公司。经有关部门批准后，甲公司实施增资，将实收资本增加到900 000元。经三方协商，一致同意，完成下述投入后，三方投资者各拥有甲公司300 000元实收资本，并各占甲公司1/3的股份。各投资者的出资情况如下。

(1) 投资者A以一台设备投入甲公司作为增资，该设备原价180 000元，已提折旧95 000元，确认净值126 000元。

(2) 投资者B以一批原材料投入甲公司作为增资，该批材料确认价值110 000元，税务部门认定应交增值税税额为18 700元。投资者B已开具了增值税专用发票。

(3) 投资者C以银行存款投入甲公司390 000元。

要求：根据以上资料，分别编制甲公司接受各投资者初次出资和增资时的会计分录。

2. 甲公司属于工业企业，为增值税一般纳税人，由A、B、C三位股东于2018年12月31日共同出资筹建，分别为40%、35%和25%，有关资料如下。

(1) 2018年12月31日，三位股东的出资方式及出资额如表10-1所示(各位股东的出资已全部到位，并经中国注册会计师验证，有关法律手续已经办妥)。

表 10-1　三位股东的出资方式及出资额

单位：万元

出资者	货币资金	实物资产	无形资产	合　计
A	270		50(专利权)	320
B	130	150(设备)		280
C	170	30(轿车)		200
合　计	570	180	50	800

(2) 2019 年，甲公司实现净利润 400 万元，决定分配现金股利 100 万元，计划在 2020 年 2 月 10 日支付。

(3) 2020 年 12 月 31 日，吸收 D 股东加入甲公司，将甲公司注册资本由原 800 万元增加到 1 000 万元。D 股东以银行存款 100 万元、原材料 56.5 万元(增值税专用发票上注明的材料计税价格为 50 万元，增值税为 6.5 万元)出资，占增资后注册资本 10%的股份；其余的 100 万元增资由 A、B、C 三位股东按原持股比例以银行存款出资。2020 年 12 月 31 日，四位股东的出资已全部到位，并取得 D 股东开出的增值税专用发票，有关的法律手续已经办妥。

要求：

① 编制甲公司 2018 年 12 月 31 日收到投资者投入资本的会计分录("实收资本"账户要求写出明细账户)。

② 编制甲公司 2019 年决定分配现金股利的会计分录("应付股利"账户要求写出明细账户)。

③ 计算甲公司 2020 年 12 月 31 日吸收 D 股东出资时产生的资本公积。

④ 编制甲公司 2020 年 12 月 31 日增收到 A、B、C 三位股东追加投资和 D 股东出资的会计分录。

⑤ 计算甲公司 2020 年 12 月 31 日增资扩股后各股东的持股比例。

3. 某股份有限公司发生部分经济业务如下。

(1) 某股份有限公司委托证券公司发行普通股票 200 000 股，每股面值 1 元，发行价为 2.5 元。该公司与受托方约定，按发行收入的 4%收取手续费，从发行收入中抵扣。股票已发行完毕，股款全部收存银行。

(2) 某股份公司收到另一单位投资入股的一项工业产权和一台设备。工业产权确认的价值为 120 000 元，换取面值 1 元的普通股 8 万股；设备确认价值为 360 000 元，换取面值为 1 元的普通股 24 万股。

要求：根据上述经济业务编制会计分录。

4. 某股份有限公司 2020 年实现净利润 5 000 万元，该公司最终确定利润分配及其他所有者权益变动方案如下。

(1) 提取法定公积金 500 万元，提取任意公积金 500 万元。

(2) 分配现金股利 2 000 万元，分配股票股利 2 000 万元(2 000 万股，每股面值 1 元)。

(3) 以总股本 10 000 万股为基数，使用资本公积中的股票发行溢价转增股本，每 10 股转增 3 股，计 3 000 万股，每股面值 1 元。假设股东大会通过的上述利润分配方案及资本公积转增股本方案已经实施。

要求：根据上述经济业务编制会计分录。

5. 甲企业本年实现净利润 500 万元，本年提取法定盈余公积 50 万元，分配投资者利润 60 万元，假定该企业没有年初未分配利润。

要求：编制甲企业的相关会计分录。

项目十一 收入、费用及利润的核算

【训练目标】

- 熟悉收入、费用和利润的概念与分类。
- 理解收入与利得、费用与损失的区别。
- 掌握收入与费用的确认及核算、利得与损失的确认与核算。
- 能够分析和处理营业收入与费用的经济业务。
- 能够分析和处理营业外收入与营业外支出的经济业务。
- 能够分析和处理利润的形成的经济业务。

一、单项选择题

1. (　　)的特征将收入与利得区别开来。
   A. 收入会导致企业所有者权益的增加
   B. 收入与所有者投入资本无关
   C. 收入会导致企业资产的增加或负债的减少
   D. 收入形成于企业日常活动

2. 下列各项中，不影响企业当期营业利润的是(　　)。
   A. 销售原材料取得的收入
   B. 资产负债表日持有的交易性金融资产的公允价值变动
   C. 无法查明原因的现金溢余
   D. 资产负债表日计提的存货跌价准备

3. 甲、乙企业均为增值税一般纳税人，适用的增值税税率为 13%。甲企业向乙企业销售的一批商品，价款 100 万元，增值税专用发票上注明的增值税额 13 万元，根据合同的规定，乙企业在付款时享受了 1% 的现金折扣(现金折扣按包含增值税的总价款计算)。甲企业在办妥托收手续后确认了销售商品收入，但乙企业在验收时发现所购商品存在严重缺陷要求退货，甲企业同意乙企业退货，但按规定不允许扣除增值税。退回的商品已经收到，款项已经退还，在进行会计处理时，甲企业应(　　)。
   A. 增加当期财务费用 1.13 万元　　B. 冲减当期财务费用 1 万元
   C. 冲减当期财务费用 1.13 万元　　D. 增加当期财务费用 1 万元

4. 下列与销售商品相关的事项中，一定发生在确认收入之前的事项是(　　)。
   A. 商业折扣　　B. 销售折让　　C. 销售退回　　D. 现金折扣

5. 在委托其他单位代销商品情况下，企业应在(　　)确认销售收入的实现。
   A. 代销商品发出时　　　　　C. 代销商品售出并收到代销清单时
   B. 代储商品售出时　　　　　D. 收到代销商品销售货款时

6. 2020 年 1 月，某企业确认短期借款利息 7.2 万元(不考虑增值税)。收到银行活期存款利息收入 1.5 万元。开具银行承兑汇票支付手续费 0.5 万元(不考虑增值税)。不考虑其他因素。11 月企业利润表中"财务费用"项目的本期金额为(　　)万元。
   A. 5.7　　　　B. 5.2　　　　C. 7.7　　　　D. 6.2

7. 下列各项中，应计入营业外支出的是(　　)。
   A. 合同违约金　　　　　　　B. 法律诉讼费
   C. 出租无形资产的摊销额　　D. 广告宣传费

8. 企业对于已经发出但不符合收入确认条件的商品，其成本应借记的账户是(　　)。
   A. "在途物资"　　　　B. "发出商品"
   C. "库存商品"　　　　D. "主营业务成本"

9. 下列各项中，不应计入管理费用的是(　　)。

A. 商品维修费

B. 企业管理部门发生的不符合资本化条件的固定资产修理费

C. 业务招待费

D. 企业在筹建期间发生的水电费

10. 企业按照出售包装物实现的收入计算的应交城市维护建设税，应借记(　　)账户。

A. "其他业务成本"　　　　　　B. "应交税费——应交城市维护建设税"

C. "税金及附加"　　　　　　　D. "管理费用"

11. 下列交易或事项中，不应确认为营业外支出的是(　　)。

A. 公益性捐赠支出　　　　　　B. 罚款支出

C. 固定资产盘亏损失　　　　　D. 固定资产减值损失

12. 某企业 2020 年度利润总额为 315 万元，其中，国债利息收入为 15 万元。当年按税法核定的全年计税工资为 250 万元，实际分配并发放工资为 230 万元。假定该企业无其他纳税调整项目，适用的所得税税率为 25%。该企业 2020 年所得税费用为(　　)万元。

A. 82.5　　　　B. 75　　　　C. 80　　　　D 87.5

13. 某企业 2020 年 2 月主营业务收入为 100 万元，主营业务成本为 80 万元，管理费用为 5 万元，资产减值损失为 2 万元，投资收益为 10 万元。假定不考虑其他因素，该企业当月的营业利润为(　　)万元。

A. 13　　　　B. 15　　　　C. 18　　　　D. 23

14. 某企业各月月末将各项损益类账户的余额转入"本年利润"账户，则 12 月 31 日各损益类账户转账后，"本年利润"账户借方余额表示(　　)。

A. 本年度 12 月份实现的净亏损　　B. 本年度全年实现的净亏损

C. 本年度 12 月份实现的利润总期　　D. 本年度全年实现的利润总额

15. A 公司于 2020 年 9 月接受一项产品安装任务，安装期 6 个月，合同总收入 300 万元，年度预收款项 60 万元，余款在安装完成时收回。当年实际发生成本 120 万元，预计还将发生成本 80 万元，该公司按已发生成本占估计总成本的比例确定履约进度，则该公司 2020 年度确认收入(　　)万元。

A. 60　　　　B. 180　　　　C. 200　　　　D. 80

16. A 公司本年度委托 B 商店代销一批零配件，代销价款 200 万元。本年度收到 B 商店交来的代销清单、代销清单列明已销售代销零配件的 60%，A 公司收到代销清单时向 B 商店开具增值税专用发票。B 商店按代销价款的 5%收取手续费。该批零配件的实际成本为 120 万元。则 A 公司本年度应确认的销售收入为(　　)万元。

A. 120　　　　B. 114　　　　C. 200　　　　D. 68.4

17. 下列各项中，不应计入销售费用的是(　　)。

A. 已售商品预计保修费用

B. 为推广新产品而发生的广告费用

C. 随同商品出售且单独计价的包装物成本
D. 随同商品出售而不单独计价的包装物成本

18. 2020年5月13日,甲公司与客户签订了一项工程劳务合同,合同期9个月,合同总收入500万元,预计合同总成本350万元;至2020年12月31日,实际发生成本160万元。但履约进度不能确定,企业已发生的成本预计能够得到补偿,则甲公司2020年度应确认的劳务收入为(　　)万元。

　　A. 228.55　　　B. 160　　　C. 150　　　D. 10

19. 甲公司与客户签订合同,向其出售A、B两件产品,合同价款为9 000元。A、B产品的单独售价分别为6 000元和4 000元,合计10 000元。上述价格均不包含增值税。不考虑其他因素,A产品应当分摊交易价格为(　　)元。

　　A. 6 000　　　B. 4 000　　　C. 5 400　　　D. 3 600

20. 甲公司与客户签订合同为其建造一栋厂房,约定的价款为1 000万元。6个月完工,合同中约定若提前1个月完工,客户将额外奖励甲公司50万元,甲公司估计工程提前1个月完工的概率为90%,不考虑其他因素,则甲公司应确定的交易价格为(　　)万元。

　　A. 1 000　　　B. 1 050　　　C. 1 045　　　D. 950

二、多项选择题

1. 下列各项中,属于企业营业收入的有(　　)。
   A. 债权投资的利息收入　　　B. 出租无形资产的租金收入
   C. 销售产品取得的收入　　　D. 出售无形资产的净收益

2. 下列各项中,应按收入准则进行会计处理的有(　　)。
   A. 销售商品　　　　　　　　B. 提供服务
   C. 出租无形资产收取的租金　D. 进行股权投资取得的现金股利

3. 某工业企业的下列业务收入中,应记入"其他业务收入"账户的有(　　)。
   A. 对外出租商品取得的租金
   B. 对外转让工业专有技术使用权取得的收入
   C. 销售产品取得的收入
   D. 购买公司债券取得的利息收入

4. 下对项目中,应作为单项履约的义务的有(　　)。
   A. 企业与客户签订合同,向其销售商品并提供安装服务,该安装服务简单,除该企业外其他供应商也可以提供此类安装服务
   B. 企业与客户签订合同,向其销售商品并提供安装服务,该安装服务复杂且商品需要按客户定制要求修改
   C. 酒店管理服务
   D. 保洁服务

5. 下列各项中,某工业企业应计入其他业务成本的有(　　)。
   A. 销售材料的成本　　　　　B. 单独计价包装物的成本
   C. 出租包装物的成本　　　　D. 经营租赁设备计提的折旧

6. 下列各项中,属于费用的有( )。
   A. 当期已销商品的成本　　　　　B. 车间生产工人的职工薪酬
   C. 固定资产报废净损失　　　　　D. 出租固定资产的累计折旧
7. 下列各项中,应计入销售费用的有( )。
   A. 随同商品销售不单独计价的包装物成本
   B. 销售过程中代客户垫付的运输费
   C. 预计产品质量保证损失
   D. 已售商品的成本
8. 下列各项中,影响营业利润的有( )。
   A. 其他业务收入　　　　　　　　B. 公允价值变动收益
   C. 投资损失　　　　　　　　　　D. 财务费用
9. 下列各项中,应计入财务费用的有( )。
   A. 企业发行股票支付的手续费　　B. 企业支付的银行承兑汇票手续费
   C. 企业购买商品时取得的现金折扣　D. 企业销售商品时发生的现金折扣
10. 下列账户中,年末应无余额的有( )。
    A. "主营业务收入"　　　　　　B. "营业外收入"
    C. "本年利润"　　　　　　　　D. "利润分配"

三、判断题

1. 利得通常不经过经营过程就能取得或属于企业不曾期望获得的收益。　( )
2. 企业已完成销售手续但购买方在月末尚未提取的商品,应作为企业的库存商品核算。　( )
3. 发出的商品不符合收入确认条件的,也不应确认应交的增值税销项税额。
   　( )
4. 在预收款销售方式下,企业通常在发出商品时确认收入,在此之前预收的货款确认为预收账款。　( )
5. 对附有销售退回条件的商品销售,如果企业不能合理地确定退货的可能性,则应在退货期满时确认收入。　( )
6. 企业将生产的电梯销售给某一客户,并负责电梯的安装工作,但至会计期末安装工作尚未完成,则该企业在会计期末不应确认该电梯的销售收入。　( )
7. 企业无论是作为销售方还是作为购货方。其所发生的现金折扣都通过"财务费用"账户核算。　( )
8. 企业为组织生产经营活动而发生的一切管理活动的费用,包括车间管理费用和行政人员管理费用,都应作为期间费用处理。　( )
9. 企业生产车间、行政管理部门、专设的销售机构发生的不符合资本化条件的固定资产修理费应计入有管理费用。　( )
10. 企业出售原材料取得的款项扣除其成本及相关费用后的净额,应当计入营业外收入或营业外支出。　( )

11. 企业发生的所有借款利息都作为财务费用处理。（   ）
12. 制造费用与管理费用不同，本期发生的管理费用直接影响本期损益，而本期发生的制造费用不一定影响本期损益。（   ）
13. 销售费用属于期间费用，直接计入当期损益。（   ）
14. 企业取得的各项罚款收入列入其他业务成本。（   ）
15. 企业在弥补亏损和提取法定盈余公积金前，一般不得分配利润。（   ）

四、实务操作题

1. 2020年2月1日，甲公司销售商品，不含税价款500万元，增值税税率13%，商品成本400万元，合同规定现金折扣条件为"2/10，1/20，n/30"，购货企业于2020年2月9日付款。2020年6月，该批商品因质量问题被全部退回，但货款尚未退回。不考虑其他税费，不考虑增值税的现金折扣。

要求：编制会计分录。

2. 2020年8月12日，甲公司下属一软件开发公司接受客户委托劳务，为客户研制一项管理软件，工期约7个月，合同规定总价款为5 000 000元，分两期收取，客户财务状况和信誉良好。2020年8月15日，通过银行收到客户首期付款3 125 000元，至2020年年末，公司为研制该软件已发生劳务成本1 800 000元，预计到研制开发完成整个软件还将发生成本1 200 000元，并预计能按时完成软件的研制开发，公司按已发生成本占估计总成本的比例确定履约进度。

要求：编制该软件开发公司2020年的会计分录。

3. 甲公司为增值税一般纳税人，其销售的产品为应纳增值税产品，适用的增值税税率为13%，产品销售价款中均不含增值税额。甲公司适用的企业所得税税率为25%。产品销售成本按经济业务逐项结转。2020年度，甲公司发生如下经济业务事项。

(1) 销售A产品一批，产品销售价款为800 000元，产品销售成本为350 000元。产品已经发出，并开具了增值税专用发票，同时向银行办妥了托收手续。

(2) 收到乙公司因产品质量问题退回的B产品一批，并验收入库，甲公司用银行存款支付了退货款，并按规定向乙公司开具了红字增值税专用发票。该退货系甲公司于2020年12月20日以提供现金折扣方式((折扣条件为"2/10，1/20，n/30")，折扣仅限于销售价款部分)出售给乙公司的，产品销售价款为40 000元，产品销售成本为22 000元。销售款项于12月29日收到并存入银行(该项退货不属于资产负债表日后事项)。

(3) 委托丙公司代销C产品一批，并将该批产品交付丙公司，代销合同规定甲公司按售价的10%向丙公司支付手续费，该批产品的销售价款为120 000元，产品销售成本为66 000元。

(4) 甲公司收到了丙公司的代销清单。丙公司已将代销的C产品全部售出，款项尚未支付给甲公司。甲公司在收到代销清单时向丙公司开具了增值税专用发票，并按合同规定确认应向丙公司支付的代销手续费。

(5) 用银行存款支付发生的管理费用67 800元，计提坏账准备4 000元。

(6) 销售产品应交的城市维护建设税为2 100元，应交的教育费附加为900元。

(7) 计算应交所得税(假定甲公司不存在纳税调整因素)。

(8) 结转本年利润(甲公司年末一次性结转损益类账户)。

(9) 按净利润的 10%提取盈余公积。

(10) 按净利润的 40%向投资者分配利润。

(11) 结转利润分配各明细账户。

要求：根据上述业务，编制甲公司 2020 年度经济业务事项的会计分录("应交税费"和"利润分配"账户要求写出明细账户)。

项目十二 财务会计报告的编制

【训练目标】

- 掌握资产负债表的结构、编制依据和编制方法。
- 掌握利润表的结构、编制依据和编制方法。
- 了解现金流量表的结构、内容及编制方法。
- 了解所有者权益变动表的结构、内容及编制方法。
- 了解财务会计报告附注的形式、内容及编写要求。

一、单项选择题

1. 处置固定资产净收入在现金流量表的(　　)项目中反映。
   A. 经营活动现金流量　　　　　　B. 投资活动现金流量
   C. 筹资活动现金流量　　　　　　D. 不影响企业现金流量

2. 下列各项业务引起企业现金流量净额发生变化的是(　　)。
   A. 将现金存入开户银行　　　　　B. 用企业设备清偿债务
   C. 用银行存款支付购货款　　　　D. 用现金购入3个月内到期的债券

3. 支付的各项税费填报的现金流量表项目是(　　)。
   A. 经营活动现金流量　　　　　　B. 筹资活动现金流量
   C. 投资活动现金流量　　　　　　D. 不影响现金变化的业务

4. 现金流量表中"偿还债务所支付的现金"项目反映企业(　　)。
   A. 现金偿还债务的本金　　　　　B. 现金偿还债券的利息
   C. 现金偿还借款的利息　　　　　D. 现金偿还债务的本金和利息

5. 列入利润表中反映的项目是(　　)。
   A. 向投资者分利　　　　　　　　B. 公允价值变动净收益
   C. 坏账准备　　　　　　　　　　D. 年初未分配利润

6. 不列入利润表中反映的项目是(　　)。
   A. 投资收益　　B. 未分配利润　　C. 营业利润　　D. 所得税费用

7. 我国目前常用的利润表格式是(　　)。
   A. 报告式　　　B. 账户式　　　　C. 单步式　　　D. 多步式

8. 某企业期末原材料账户借方余额20万元,库存商品账户借方余额10万元,生产成本6万元,材料成本差异账户贷方余额2万元,商品进销差价账户贷方余额5万元,资产负债表的存货项目应填列的数额为(　　)万元。
   A. 31　　　　　B. 27　　　　　　C. 29　　　　　D. 23

9. 资产负债表日,企业有如下账户的资料:应收账款总账借方余额340 000元,其中明细账A公司借方余额380 000元,B公司贷方余额40 000元;预收账款总账贷方余额50 000元,其中明细账C公司贷方余额60 000元,D公司借方余额10 000元。那么填入资产负债表中的应收账款金额是(　　)元。
   A. 340 000　　B. 350 000　　　C. 390 000　　D. 380 000

10. "应付账款"所属明细账户中若有借方余额,应将其在资产负债表中的(　　)项目列示。
    A. "应收账款"　　　　　　　　B. "预付款项"
    C. "应付账款"　　　　　　　　D. "其他应付款"

11. "预付款项"所属明细账户中若有贷方余额,应将其在资产负债表中的(　　)项目列示。
    A. "应收账款"　　　　　　　　B. "预付款项"
    C. "应付账款"　　　　　　　　D. "其他应付款"

12. 2020年12月31日,某企业"应收账款"借方余额为170 000元,"坏账准备——应收账款"账户贷方余额为17 000元。则2020年12月31日,资产负债表中"应收账款"项目的期末余额为(   )元。

  A. 153 000   B. 170 000   C. 187 000   D. 87 000

13. 将于一年内到期的非流动负债在资产负债表中填列的方法是(   )。

  A. 列入"短期借款"项目   B. 列入"长期借款"项目

  C. 列入"其他应付款"项目   D. 在流动负债类单设项目列示

14. 2020年年初,某企业"应付债券"账户余额为1 120万元,其中,面值为贷方余额1 000万元,利息调整为借方余额80万元,应计利息为贷方余额200万元,2020年,利息调整摊销30万元,计提利息50万元,则2020年12月31日,资产负债表中"应付债券"项目期末余额为(   )万元。

  A. 1 200   B. 1 140   C. 1 150   D. 1 280

15. 资产负债表中"未分配利润"项目(1—11月末),应根据(   )填列。

  A. "利润分配"账户余额

  B. "本年利润"账户余额

  C. "本年利润"和"利润分配"账户余额分析计算

  D. "利润分配"账户余额分析计算

16. 下列各项中,与计算营业利润无关的是(   )。

  A. 资产减值损失   B. 公允价值变动收益

  C. 固定资产报废净损失   D. 投资收益

17. 下列各项中,不在所有者权益变动表中反映的是(   )。

  A. 企业宣告分派给股东的现金股利   B. 企业宣告分派给股东的股票股利

  C. 企业提取的法定盈余公积   D. 企业实际发放给股东的股票股利

18. 现金流量表中的现金,不包括(   )。

  A. 存入的银行汇票存款   B. 不能随时用于支付的存款

  C. 购入时还有1个月到期的国债   D. 外埠存款

19. 下列各项中,能引起现金流量变动的项目是(   )。

  A. 从银行提取现金   B. 以银行存款购入2个月到期的国债

  C. 收到货款存入银行   D. 购买材料款项未付

20. 支付的在建工程人员工资属于(   )产生的现金流量。

  A. 筹资活动   B. 经营活动   C. 汇率变动   D. 投资活动

二、多项选择题

1. 下列账户余额在资产负债表"货币资金"项目反映的有(   )。

  A. 库存现金   B. 其他货币资金

  C. 银行存款   D. 长期借款

  E. 短期借款

2. 下列账户余额在资产负债表"存货"项目反映的有(   )。

A. 材料采购　　　B. 周转材料　　　C. 存货跌价准备
   D. 生产成本　　　E. 委托加工物资

3. 现金等价物具有的特点有(　　)。
   A. 期限短　　　　　　　　　　B. 流动性强
   C. 易于转为已知金额的现金　　D. 价值变动风险很小
   E. 价值变动风险大

4. 财务会计报告附注的内容有(　　)。
   A. 企业的基本情况　　　　　　B. 财务报表编制基础
   C. 遵循会计准则的声明　　　　D. 重要会计政策和会计估计
   E. 重要报表项目的说明

5. 下列各项属于筹资活动产生的现金流量项目的有(　　)。
   A. 吸收投资收到现金　　　　　B. 取得借款收到现金
   C. 偿还债务支付现金　　　　　D. 分配股利支付现金
   E. 偿还利息支付现金

6. 下列各项在利润表中填列的内容有(　　)。
   A. 税金及附加　　　　　　　　B. 所得税费用
   C. 公允价值变动损益　　　　　D. 利润总额
   E. 未确认融资费用

7. 资产负债表中，根据有关账户余额直接填列的项目有(　　)。
   A. 固定资产　　B. 短期借款　　C. 货币资金
   D. 存货　　　　E. 实收资本

8. 资产负债表的基本要素有(　　)。
   A. 资产　　　　B. 负债　　　　C. 所有者权益
   D. 收入　　　　E. 费用

9. 在资产负债表中，需要对明细科目余额计算填列的有(　　)。
   A. 应收账款，预收账款　　　　B. 应付账款，其他应付款
   C. 应付账款，预付账款　　　　D. 应收账款，其他应收款
   E. 应交税费，应收账款

10. 资产负债表能够提供的信息资料有(　　)。
    A. 企业经济资源的分布结构　　B. 企业负债和资本的分布结构
    C. 企业的偿债能力　　　　　　D. 企业财务状况发展趋势
    E. 企业的盈利能力

11. 下列资产负债表项目中，可根据总分类账户余额直接填列的项目有(　　)。
    A. "递延所得税资产"　　　　　B. "应收票据"
    C. "应付债券"　　　　　　　　D. "短期借款"
    E. "其他综合收益"

12. 下列资产负债表项目中，可根据总分类账户余额计算填列的项目有(　　)。

A. "货币资金"　　　　　B. "存货"　　　　　C. "长期借款"
D. "应收账款"　　　　　E. "债权投资"

13. 下列各项中,应在资产负债表中作为"存货"项目列示的有(　　)。
    A. 生产成本　　　　B. 在途物资　　　　C. 工程物资
    D. 发出商品　　　　E. 材料成本差异

14. 资产负债表中,"一年内到期的非流动负债"项目,应根据(　　)账户期末余额中将于1年内到期部分的数额填列。
    A. "长期借款"　　　B. "应付债券"　　　C. "长期应付款"
    D. "预计负债"　　　E. "其他应付款"

15. 下列各项中,会影响利润表中"营业利润"项目金额的有(　　)。
    A. 经批准转销的确实无法支付的应付账款
    B. 公允价值变动损失
    C. 对外捐赠支出
    D. 投资收益
    E. 销售应税消费品应负担的消费税

16. 下列各项中,会影响所有者权益变动表中"所有者权益合计"项目的有(　　)。
    A. 盈余公积弥补亏损　　　B. 提取盈余公积　　　C. 所有者投入资本
    D. 盈余公积转增资本　　　E. 向所有者分配现金股利

17. 下列交易或事项中,不影响经营活动产生的现金流量的有(　　)。
    A. 支付工程建设人员薪酬　　　B. 支付行政管理人员薪酬
    C. 向银行借入3年期借款　　　D. 缴纳增值税
    E. 收到销售商品款

18. 下列各项中,属于经营活动产生的现金流量的有(　　)。
    A. 收到的出口退税　　　　　B. 收到长期股权投资的现金股利
    C. 出售无形资产取得的收入　　D. 出租固定资产取得的收入
    E. 出售固定资产取得的收入

19. 现金流量表中的"支付给职工以及为职工支付的现金"项目包括(　　)。
    A. 支付给专设销售机构人员的奖金　　B. 支付的在建工程人员的工资
    C. 支付的生产工人的工资　　　　　　D. 支付的车间管理人员的工资
    E. 支付的行政管理人员的工资

20. 下列各项中,应在会计报表附注中反映的内容有(　　)。
    A. 会计报表的编制基础　　　　B. 重大会计政策和会计估计的说明
    C. 资产负债表日后事项的说明　D. 或有事项的说明
    E. 关联方关系及其交易的说明

三、判断题

1. 资产负债表中的"货币资金"项目反映企业库存现金和银行存款的期末余额合计数。　　　　　　　　　　　　　　　　　　　　　　　　　　　(　　)

2. 利润表是反映企业一定会计期间经营成果的会计报表。（　）
3. 资产负债表是反映企业一定会计期间财务状况、经营活动情况和现金流量的报表。（　）
4. 企业的月度、季度和年度财务会计报告均应同时报送财务会计报告附注。（　）
5. 利润表中的营业利润根据营业收入和营业成本两个账户的发生额分析填列。（　）
6. 投资活动产生的现金流入专指收回投资业务及取得投资收益所收到的现金。（　）
7. 经营活动产生的现金流出专指购买商品业务和接受劳务业务所支付的现金。（　）
8. 分步式利润表是分步反映企业一定期间的营业收入、营业利润、利润总额和净利润等。（　）
9. 我国常见的资产负债表的格式是账户式。（　）
10. 现金流量表中的现金是指企业中的货币资金。（　）
11. 企业必须对外提供资产负债表、利润表、所有者权益变动表和现金流量表，会计报表附注也是企业必须对外提供的资料。（　）
12. 资产负债表和所有者权益变动表为静态报表，利润表和现金流量表为动态报表。（　）
13. 资产负债表"上年年末余额"栏各项目，应根据上年年末资产负债表"期末余额"栏内所列数字填列。（　）
14. 资产负债表中确认的资产，一定是企业拥有的资产。（　）
15. 在资产负债表中，各项资产均按账面余额反映。（　）
16. 资产负债表中，长期负债项目应根据长期负债类账户余额直接填列。（　）
17. 所有者权益变动表是反映构成所有者权益的各组成部分当期增减变动情况的会计报表，不反映所有者权益内部结构的变化。（　）
18. 利润表编制的基础为权责发生制，现金流量表编制的基础为收付实现制。（　）
19. 企业购入3个月即到期的国债，会减少企业现金流量。（　）
20. 对于现金等价物范围内的债券投资，收到其本金和现金利息收入时均不应在现金流量表正表中反映。（　）

四、实务操作题

1. 甲公司2020年12月31日资产期末计价前有关账户余额如表12-1所示。

表12-1　有关账户余额表

单位：元

账户名称	借或贷	金额
交易性金融资产	借	60 000
应收账款	借	1 000 000
其他应收款	借	30 000
应收利息	借	100 000

续表

账户名称	借或贷	金额
应收股利	借	70 000
坏账准备——应收账款	贷	40 000
材料采购	借	20 000
原材料	借	570 000
包装物	借	6 000
低值易耗品	借	16 000
材料成本差异	贷	9 000
发出商品	借	30 000
存货跌价准备	贷	5 000
应付账款	贷	500 000
应付账款——D公司	贷	800 000
应付账款——E公司	借	300 000

该公司交易性金融资产年末公允价值为82 000元。

该公司按应收账款余额的5%计提坏账准备。

该公司存货年末可变现净值为580 000元。

要求：根据上述资料，填列甲公司2020年12月31日资产负债表下列项目的期末余额：

(1) "交易性金融资产"项目。

(2) "应收账款"项目。

(3) "预付款项"项目。

(4) "其他应收款"项目。

(5) "存货"项目。

(6) "应付账款"项目。

2. 甲公司2020年度"主营业务收入"账户的贷方发生额为5 000万元，借方发生额为100万元(系10月发生的购买方退货)；"其他业务收入"账户的贷方发生额为300万元；"主营业务成本"账户的借方发生额为4 000万元，2020年10月10日，收到购买方退货，其成本为60万元；"其他业务成本"账户借方发生额为200万元；2020年12月10日，收到销售给某单位的一批产品，由于质量问题被退回，其收入为60万元，成本为40万元。

要求：根据上述资料，计算利润表中的营业收入和营业成本项目金额。

3. 2020年12月31日，甲公司结账后有关账户余额，如表12-2所示。

表12-2 2020年12月31日甲公司结账后有关账户余额

账户名称	借方余额	贷方余额
应收账款明细账	600	40
坏账准备——应收账款		80

续表

账户名称	借方余额	贷方余额
预收账款明细账	100	800
应付账款明细账	20	400
预付账款明细账	320	60

要求：

根据上述资料，计算资产负债表中"应收账款""预付款项""应付账款"和"预收款项"项目的列报金额。

4. 甲公司 2020 年 12 月 31 日有关资料如下。

(1) 长期借款资料如表 12-3 所示。

表 12-3 长期借款资料

借款起始日期	借款期限/年	金额/万元
2020 年 1 月 1 日	3	300
2018 年 1 月 1 日	5	600
2017 年 6 月 1 日	4	450

(2) "长期待摊费用"项目的期末余额为 50 万元，将于 1 年内摊销的数额为 20 万元。

要求：根据上述资料，计算资产负债表中下列项目的金额。

① 长期借款。

② 长期借款中应列入"一年内到期的非流动负债"项目的金额。

③ 长期待摊费用。

④ 长期待摊费用应列入"一年内到期的非流动资产"项目的金额。

5. 甲公司为增值税一般纳税人，适用的增值税税率为 13%、企业所得税税率为 25%。该企业 2020 年度有关资料如下。

(1) 本年度内发出产品 50 000 件，其中对外销售 45 000 件，其余为在建工程领用。该产品销售成本每件为 12 元，销售价格每件为 20 元。

(2) 本年度内计入投资收益的债券利息收入为 30 000 元，其中，国债利息收入为 2 500 元。

(3) 本年度内发生管理费用 50 000 元，其中，企业公司管理人员工资费用 25 000 元，业务招待费 20 000 元。按税法规定可在应纳税所得额前扣除的管理人员工资费用为 20 000 元，业务招待费 15 000 元。

(4) 本年度内补贴收入 3 000 元(计入当期营业外收入)。按税法规定应交纳企业所得税。

要求：计算该企业 2020 年利润表中有关项目的金额。

(1) 营业利润。

(2) 利润总额。

(3) 本年度应交所得税。

(4) 净利润。

项目十三 特殊会计业务的处理

【训练目标】

- 能够对企业的投资性房地产进行确认。
- 能够采用成本模式和公允价值模式对投资性房地产进行计量。
- 掌握非货币性资产交换的认定标准。
- 掌握公允价值计量基础下非货币性资产交换业务核算。
- 掌握账面价值计量基础下非货币性资产交换业务核算。
- 能够根据或有事项的确认和计量要求进行相应的账务处理。
- 能够判断交易或事项是会计政策变更还是会计估计变更,能够进行会计政策变更、会计估计变更和前期差错更正的账务处理。
- 掌握资产负债表日后事项、日后调整事项和非调整事项的概念,能够进行资产负债表日后调整事项和非调整事项的账务处理。
- 掌握外币交易业务的账务处理。

一、单项选择题

1. 下列不属于企业投资性房地产的是( )。
   A. 房地产开发企业将作为存货的商品房以经营租赁方式出租
   B. 企业开发完成后用于出租的房地产
   C. 企业持有并准备增值后转让的土地使用权
   D. 房地产企业拥有并自行经营的饭店

2. 下列关于企业出租并按出租协议向承租人提供保安和维修等其他服务的建筑物是否属于投资性房地产的说法正确的是( )。
   A. 所提供的其他服务在整个协议中如为不重大的,该建筑物应视为企业的经营场所,确认为自用房地产
   B. 所提供的其他服务在整个协议中如为重大的,应将该建筑物确认为投资性房地产
   C. 所提供的其他服务在整个协议中如为不重大的,应将该建筑物确认为投资性房地产
   D. 所提供的其他服务在整个协议中无论是否重大,均不将该建筑物确认为投资性房地产

3. 某企业 2019 年 1 月 1 日开始自建一项房地产,6 月 30 日竣工验收,实际成本 500 万元,当日即转为投资性房地产入账。采用公允价值模式计量。2019 年 8 月 31 日,房地产陷入低迷,该项房地产的公允价值降为 460 万元。2020 年 12 月 31 日,该项目的公允价值重新升为 485 万元。公司关于该项目的"公允价值变动损益"账户的余额应为( )万元。
   A. 借方 15   B. 贷方 15   C. 借方 40   D. 贷方 40

4. 企业对成本模式进行后续计量的投资性房地产摊销时,应该借记( )账户。
   A. 投资收益   B. 其他业务成本
   C. 营业外收入   D. 管理费用

5. 2020 年 1 月 1 日,甲公司购入一栋建筑物用于出租,取得的增值税普通发票上注明的价款为 100 万元,款项以银行存款支付。购入该建筑物发生的契税为 2 万元也以银行存款支付。该投资性房地产的入账价值为( )万元。
   A. 102   B. 100   C. 98   D. 104

6. 将企业的固定资产转换为以公允价值模式计量的投资性房地产,当公允价值大于固定资产账面价值时,其差额计入( )。
   A. 资本公积——股本溢价   B. 其他综合收益
   C. 营业外收入   D. 管理费用

7. 存货转换为采用公允价值模式计量的投资性房地产,投资性房地产应当按照转换当日的公允价值计量。转换当日的公允价值小于原账面价值的,其差额通过( )账户核算。
   A. 营业外支出   B. 公允价值变动损益

C. 投资收益　　　　　　　　D. 其他业务收入

8. 企业的投资性房地产采用成本计量模式。2020 年 1 月 1 日，该企业将一项投资性房地产转换为固定资产。该投资性房地产的账面余额为 120 万元，已提折旧 20 万元，已计提减值准备 10 万元。该投资性房地产的公允价值为 75 万元，则转换日固定资产的入账价值为(　　)万元。

　　A. 100　　　　B. 80　　　　C. 90　　　　D. 120

9. 关于投资性房地产后续计量模式的转换，下列说法正确的是(　　)。
　　A. 成本模式转为公允价值模式的，应当作为会计估计变更
　　B. 已经采用成本模式计量的投资性房地产，不得从成本模式转为公允价值模式
　　C. 企业对投资性房地产的计量模式可以随意选择
　　D. 已经采用公允价值模式计量的投资性房地产，不得从公允价值转为成本模式

10. 企业出售、转让、报废投资性房地产时，应当将处置收入计入(　　)。
　　A. 公允价值变动损益　　　B. 营业外收入
　　C. 其他业务收入　　　　　D. 资本公积

11. 下列项目中，属于货币性资产的是(　　)。
　　A. 原材料　　B. 股票　　C. 机器设备　　D. 应收账款

12. 甲股份有限公司发生的下列非关联交易中，属于非货币性资产交换的是(　　)。
　　A. 以公允价值为 260 万元的固定资产换入乙公司账面价值为 320 万元的无形资产，并支付补价 80 万元
　　B. 以账面价值为 280 万元的固定资产换入丙公司公允价值为 200 万元的一项专利权，并收到补价 80 万元
　　C. 以公允价值为 320 万元的长期股权投资换入丁公司账面价值为 460 万元的短期股票投资，并支付补价 140 万元
　　D. 以账面价值为 420 万元、准备持有至到期的债券投资换入戊公司公允价值为 390 万元的一台设备，并收到补价 30 万元

13. 在确定涉及补价的交易是否为非货币性资产交换时，支付补价的企业，应当按照支付的补价占(　　)的比例低于 25%确定。
　　A. 换出资产公允价值　　　　B. 换出资产公允价值加上支付的补价
　　C. 换入资产公允价值加上补价　D. 换出资产公允价值减去补价

14. 下列项目中，不属于非货币性资产交换的是(　　)。
　　A. 以公允价值 100 万元的原材料换取一项设备
　　B. 以公允价值 500 万元的长期股权投资换取专利权
　　C. 以公允价值 70 万元的电子设备换取一辆小汽车，同时支付 30 万元的补价
　　D. 以公允价值 100 万元的 A 车床换取 B 车床，同时收到 20 万元的补价

15. 甲企业以其持有的一项长期股权投资换取乙企业的一项无形资产，该项交易中不涉及补价。假定该项交易具有商业实质。甲企业该项长期股权投资的账面价值为 120 万元，公允价值为 150 万元。乙企业该项无形资产的账面价值为 100 万元，公允价值为

150万元，甲企业在此项交易中发生了10万元税费，则甲企业换入的该项无形资产的入账价值为( )万元。

    A. 150   B. 160   C. 120   D. 130

16. 非货币性资产交换中，换入资产成本的计量基础有账面价值和( )。

    A. 成本   B. 现值   C. 重置成本   D. 公允价值

17. 非货币性资产交换中，( )确认交换资产的损益。

    A. 账面价值为计量基础时

    B. 公允价值为计量基础时

    C. 账面价值为计量基础，涉及补价时

    D. 账面价值为计量基础，不涉及补价时

18. 甲公司以公允价值为250万元的固定资产换入乙公司账面价值为230万元的长期股权投资，另从乙公司收取现金30万元。甲公司换出固定资产的账面原价为300万元，已计提折旧20万元，已计提减值准备10万元。假定不考虑相关税费，该交易不具有商业实质，则甲公司换入长期股权投资的成本为( )万元。

    A. 220   B. 240   C. 250   D. 245

19. 在非货币性资产交换中，如换出原材料已计提跌价准备，应记入( )账户的借方。

    A. "存货跌价准备"   B. "营业外支出"

    C. "投资收益"   D. "其他业务成本"

20. 下列具有商业实质的是( )。

    A. 未来现金流量的风险、金额不同，时间相同

    B. 未来现金流量的风险、时间不同，金额相同

    C. 未来现金流量的金额、时间不同，风险相同

    D. 未来现金流量的风险、金额相同，时间不同

21. 或有事项的特征不包括( )。

    A. 由过去的交易或事项形成   B. 结果具有不确定性

    C. 由未来事项决定   D. 可以确认为资产或负债

22. 或有事项具有不确定性，下列关于"不确定性"的理解，正确的是( )。

    A. 或有事项的不确定性是指或有事项的发生具有不确定性

    B. 或有事项虽然具有不确定性，但该不确定性能由企业控制

    C. 固定资产计提折旧时，涉及对其残值和使用年限的分析和判断具有一定的不确定性，这种不确定性与或有事项具有的不确定性是完全相同的

    D. 或有事项具有不确定性是指或有事项的结果具有不确定性或者发生的具体时间或金额具有不确定性

23. 根据相关的规定，下列有关或有事项的表述中，正确的是( )。

    A. 由于担保引起的或有事项随着被担保人债务的全部清偿而消失

    B. 只有对本单位产生不利影响的事项，才能作为或有事项

    C. 或有负债与或有事项相联系，有或有事项就有或有负债

D. 对于或有事项，既要确认或有负债，也要确认或有资产

24. 下列对或有资产的概念，理解正确的是( )。
    A. 或有资产是指未来的交易或事项形成的潜在资产，其存在须通过过去不确定事项的发生或不发生予以证实
    B. 或有资产是指过去的交易或事项形成的潜在资产，其存在须通过过去不确定事项的发生或不发生予以证实
    C. 或有资产是指未来的交易或事项形成的潜在资产，其存在须通过未来不确定事项的发生或不发生予以证实
    D. 或有资产是指过去的交易或事项形成的潜在资产，其存在须通过未来不确定事项的发生或不发生予以证实

25. 2020 年 8 月 1 日，甲公司因产品质量不合格而被乙公司起诉。至 2020 年 12 月 31 日，该起诉尚未判决，甲公司估计很可能承担违约赔偿责任，需要赔偿 200 万元的可能性为 70%，需要赔偿 100 万元的可能性为 30%。甲公司基本确定从直接责任人处追回 50 万元。2020 年 12 月 31 日，甲公司对该起诉讼应确认的预计负债金额为( )万元。
    A. 170   B. 150   C. 120   D. 200

26. 甲公司为 2020 年新成立的企业。2020 年该公司分别销售 A、B 产品 1 万件和 2 万件，销售单价分别为 100 元和 50 元。公司向购买者承诺提供产品售后两年内免费保修服务，预计保修期内将发生的保修费在销售额的 2%～8%。2020 年实际发生保修费 1 万元。假定无其他或有事项，则甲公司 2020 年年末资产负债表"预计负债"项目的金额为( )万元。
    A. 3   B. 9   C. 10   D. 15

27. 企业对于符合确认为预计负债的或有事项，在利润表中一般应列入( )项目。
    A. 财务费用   B. 营业外收入   C. 管理费用   D. 营业外支出

28. 2020 年 12 月 10 日，A 公司因合同违约而涉及一桩诉讼案。根据企业的法律顾问判断，最终的判决可能对 A 公司不利。2020 年 12 月 31 日，A 公司尚未接到法院的判决，因诉讼须承担的赔偿金额也无法准确地确定。不过，据专业人士估计，赔偿金额可能在 99 万～110 万元之间的某一金额。根据相关的规定，A 公司应在 2020 年 12 月 31 日资产负债表中确认负债的金额为( )万元。
    A. 100   B. 0   C. 120   D. 110

29. 甲企业因提供债务担保而确认了金额为 50 000 元的一项负债，同时基本确定可以从第三方获得的金额为 40 000 元的补偿。在这种情况下，甲企业应在利润表中反映( )。
    A. 管理费用 50 000 元   B. 营业外支出 50 000 元
    C. 管理费用 10 000 元   D. 营业外支出 10 000 元

30. 甲公司涉及一桩诉讼案，根据专家预测，可能从乙公司获得赔偿 20 万元。在这种情况下，甲公司在资产负债表中应确认的资产为( )万元。
    A. 0   B. 20   C. 10   D. 5

31. 下列会计核算的原则和方法中，不属于企业会计政策的是(　　)。
    A. 实质重于形式要求
    B. 低值易耗品采用五五摊销法核算
    C. 存货期末计价采用成本和可变现净值孰低法核算
    D. 权责发生制的核算基础
32. 会计政策变更时，会计处理方法的选择应遵循的原则是(　　)。
    A. 必须采用追溯调整法
    B. 在追溯调整法和未来适用法中任选其一
    C. 必须采用未来适用法
    D. 会计政策变更累积影响数可以合理确定时采用追溯调整法，不能合理确定时采用未来适用法
33. 采用追溯调整法计算出会计政策变更的累积影响数，应当(　　)。
    A. 重新编制以前年度会计报表
    B. 调整变更当期期初留存收益，以及会计报表其他相关项目的期初余额和上期金额
    C. 调整或反映为变更当期及未来各期会计报表相关项目的数字
    D. 只需要在报表附注中说明其累积影响
34. 在很难区分某种会计变更是属于会计政策变更还是会计估计变更的情况下，通常将这种会计变更(　　)。
    A. 视为会计估计变更处理   B. 视为会计政策变更处理
    C. 视为会计差错处理   D. 视为资产负债表日后事项处理
35. 甲企业于 2017 年 12 月购入生产设备一台，其原值为 46.5 万元，预计使用年限为 5 年，预计净残值为 1.5 万元，采用双倍余额递减法计提折旧。从 2020 年起，该企业将该固定资产的折旧方法改为平均年限法，设备的预计使用年限由 5 年改为 4 年，设备的预计净残值由 1.5 万元改为 0.9 万元。则该设备 2020 年的折旧额为(　　)万元。
    A. 7.62   B. 7.92   C. 6.7   D. 10.04
36. 企业发生会计估计变更时，下列各项目中不需要在会计报表附注中披露的是(　　)。
    A. 会计估计变更的内容   B. 会计估计变更的累积影响数
    C. 会计估计变更的理由   D. 会计估计变更对当期损益的影响金额
37. 甲股份有限公司于 2020 年 6 月 15 日，发现 2018 年 9 月 20 日误将购入 600 000 元固定资产支出计入管理费用，对利润影响较大。该企业编制 2020 年 6 月会计报表时应(　　)。
    A. 调整 2018 年度会计报表相关项目的期初数
    B. 调整 2019 年度会计报表相关项目的期初数
    C. 调整 2018 年度会计报表相关项目的期末数
    D. 调整 2020 年度会计报表相关项目的期初数
38. 甲股份有限公司 2020 年实现净利润 8 500 万元。该公司 2020 年发生和发现的

下列交易或事项中，会影响其年初未分配利润的是(　　)。

  A. 发现 2018 年少计管理费用 4 500 万元

  B. 发现 2019 年少提财务费用 0.5 万元

  C. 为 2019 年售出的设备提供售后服务发生支出 550 万元

  D. 因客户资信状况明显改善将应收账款坏账准备计提比例由 10%改为 5%

39. 某上市公司 2019 年度的财务会计报告于 2020 年 4 月 30 日批准报出，2020 年 12 月 31 日，该公司发现了 2018 年度的一项非重大差错，则该公司正确的做法是(　　)。

  A. 调整 2020 年度会计报表的年初数和上年数

  B. 调整 2020 年度会计报表的年末数和本年数

  C. 调整 2019 年度会计报表的年末数和本年数

  D. 调整 2019 年度会计报表的年初数和上年数

40. 甲公司于 2019 年 1 月 1 日对乙公司投资 900 万元作为长期投资，占乙公司有表决权股份的 30%，2020 年 6 月 15 日甲公司发现该公司对乙公司的投资误用了成本法核算。甲公司 2019 年度的财务会计报告已于 2020 年 4 月 12 日批准报出，则甲公司正确的做法是(　　)。

  A. 按重要差错处理，调整 2019 年 12 月 31 日资产负债表的年初数和 2019 年度利润表、所有者权益变动表的上年数

  B. 按重要差错处理，调整 2020 年 12 月 31 日资产负债表的年初数和 2020 年度利润表、所有者权益变动表的上年数

  C. 按重要差错处理，调整 2020 年 12 月 31 日资产负债表的期末数和 2020 年度利润表、所有者权益变动表的本期数

  D. 按非重要差错处理，调整 2020 年 12 月 31 日资产负债表的期末数和 2020 年度利润表、所有者权益变动表的本期数

41. 下列不属于资产负债表日后事项中调整事项的是(　　)。

  A. 已证实某项资产发生了减损　　B. 已确认销售的货物被退回

  C. 外汇汇率发生较大变动　　　　D. 日后期间发现会计差错

42. 下列不属于资产负债表日后事项中非调整事项的是(　　)。

  A. 董事会提出现金股利分配方案　　B. 对某一企业进行巨额投资

  C. 上年售出的商品发生退回　　　　D. 自然灾害导致资产损失

43. 甲企业 2020 年 1 月 20 日向乙企业销售一批商品，已进行收入确认的有关账务处理，同年 2 月 1 日，乙企业收到货物后验收不合格要求退货，2 月 10 日甲企业收到退货。甲企业年度资产负债表批准报出日是 4 月 30 日，则甲企业对此业务的正确处理是(　　)。

  A. 作为 2020 年当期正常事项

  B. 作为 2019 年资产负债表日后事项的非调整事项

  C. 作为 2020 年资产负债表日后事项的调整事项

  D. 作为 2019 年资产负债表日后事项的调整事项

44. 甲公司在年度财务会计报告批准报出日之前发现了报告年度的重大会计差错，

需要作出的会计处理是( )。

A. 作为发现当期的会计差错更正
B. 在发现当期报表附注作出披露
C. 按资产负债表日后事项非调整事项的处理原则作出说明
D. 按资产负债表日后事项调整事项的处理原则作出相应调整

45. 在资产负债表日后董事会提出的利润分配方案中,涉及的现金股利属于( )。

A. 调整事项　　B. 或有负债　　C. 或有资产　　D. 非调整事项

46. 产生的外币财务报表折算差额,在编制合并财务报表时,应在合并资产负债表中( )项目列示。

A. 其他综合收益　　　　　　B. 递延收益
C. 相关资产类　　　　　　　D. 无须在合并资产负债表中反映

47. A公司的记账本位币为人民币,2020年3月10日A公司与某外商签订投资合同,当日收到外商投入的资本30万美元,当日的即期汇率为1美元=6.307 3元人民币。假定投资合同约定的汇率为1美元=8元人民币,对于该事项,A公司记入实收资本的金额为( )万元人民币。

A. 189.219　　B. 240　　C. 230　　D. 234

48. 下列各项中,不得使用即期汇率的近似汇率进行折算的是( )。

A. 接受投资收到的外币　　　B. 购入原材料应支付的外币
C. 取得借款收到的外币　　　D. 销售商品应收取的外币

49. 下列说法中正确的是( )。

A. 企业记账本位币一经确定,不得随意变更,除非企业经营所处的主要经济环境发生重大变化
B. 企业记账本位币一经确定,不得变更
C. 企业记账本位币一定是人民币
D. 企业编报财务报表的货币可以按人民币以外的币种来反映

50. 国内甲企业主要从事某化妆品的销售,该企业20%的销售收入源自出口,出口货物采用美元计价和结算;从法国进口所需原材料的25%,进口原材料以欧元计价和结算。不考虑其他因素,该企业的记账本位币应为( )。

A. 美元　　B. 欧元　　C. 人民币　　D. 美元和欧元

二、多项选择题

1. 下列各项中,不属于投资性房地产的有( )。

A. 房地产企业开发的准备出售的房屋
B. 房地产企业开发的已出租的房屋
C. 企业持有的准备建造房屋的土地使用权
D. 企业以经营租赁方式租入的建筑物

2. 下列关于投资性房地产的说法正确的有( )。

A. 投资性房地产的租金收入都属于企业的"其他业务收入"

B. 投资性房地产的租金收入都属于企业的"营业外收入"
C. 投资性房地产的取得都按取得成本进行初始计量
D. 投资性房地产的取得都按公允价值进行初始计量

3. 采用公允价值模式进行后续计量的投资性房地产，应当同时满足(　　)条件。
   A. 投资性房地产所在地有活跃的房地产交易市场
   B. 企业能够从活跃的房地产交易市场上取得同类或类似房地产的市场价格及其他相关信息，从而对投资性房地产的公允价值作出合理的估计
   C. 所有的投资性房地产有活跃的房地产交易市场
   D. 企业能够取得交易价格的信息

4. 下列各项应该记入一般企业"其他业务收入"账户的有(　　)。
   A. 出售投资性房地产的收入
   B. 出租建筑物的租金收入
   C. 出售自用房屋的收入
   D. 将持有并准备增值后转让的土地使用权予以转让所取得的收入

5. 下列各项中，不影响企业当期损益的有(　　)。
   A. 采用成本计量模式，期末投资性房地产的可收回金额高于账面价值
   B. 采用成本计量模式，期末投资性房地产的可收回金额高于账面余额
   C. 采用公允价值计量模式，期末投资性房地产的公允价值高于账面余额
   D. 自用的房地产转换为采用公允价值模式计量的投资性房地产时，转换日房地产的公允价值小于账面价值

6. 下列选项中，企业可将其他资产转换为投资性房地产的有(　　)。
   A. 原自用土地使用权停止自用改为出租
   B. 房地产企业将开发的准备出售的商品房改为出租
   C. 自用办公楼停止自用改为出租
   D. 出租的厂房收回改为自用

7. 投资性房地产是指为赚取租金或资本增值，或两者兼有而持有的房地产。投资性房地产主要包括的资产有(　　)。
   A. 已出租的土地使用权
   B. 持有并准备增值后转让的土地使用权
   C. 已出租的建筑物
   D. 购买并准备自用的房产

8. 关于投资性房地产的计量模式，下列说法中正确的有(　　)。
   A. 已经采用公允价值模式计量的投资性房地产，不得从公允价值模式转为成本模式
   B. 已经采用成本模式计量的投资性房地产，不得从成本模式转为公允价值模式
   C. 采用公允价值模式计量的，不对投资性房地产计提折旧或进行摊销
   D. 企业对投资性房地产计量模式一经确定，不得随意变更

9. 关于投资性房地产的后续计量，下列说法正确的有(　　)。

A. 采用公允价值模式计量的，不对投资性房地产计提折旧或进行摊销
B. 已采用公允价值模式计量的，不得从公允价值模式转为成本模式
C. 已采用成本模式计量的，可以转为采用公允价值模式计量
D. 采用公允价值模式计量的，应对投资性房地产计提折旧或进行摊销

10. 企业将自用房地产或存货转换为采用公允价值模式计量的投资性房地产，下列说法中正确的有(   )。
A. 自用房地产或存货的房地产转换为采用公允价值模式计量的投资性房地产，该项投资性房地产应当按照转换当日的公允价值计量
B. 自用房地产或存货转换为采用公允价值模式计量的投资性房地产，该项投资性房地产应当按照转换当日的账面价值计量
C. 转换当日的公允价值小于原账面价值的差额作为公允价值变动损益
D. 转换当日的公允价值小于原账面价值的差额计入其他综合收益

11. 依据《企业会计准则第 7 号——非货币性资产交换》，下列项目中属于货币性资产的有(   )。
A. 准备持有至到期的债券投资　　B. 有公允价值的原材料
C. 短期股权投资　　　　　　　　D. 带息应收票据

12. 下列项目中，属于非货币性资产的有(   )。
A. 存货　　　　　　　　　　　　B. 长期股权投资
C. 固定资产　　　　　　　　　　D. 债权投资

13. 企业发生的交易中，如果涉及支付补价的，判断该项交易属于非货币性资产交换的标准有(   )。
A. 支付的补价占换入资产公允价值的比例小于 25%
B. 支付的补价占换出资产公允价值的比例小于 25%
C. 支付的补价占换入资产公允价值的比例大于 25%
D. 支付的补价占换出资产公允价值与支付的补价之和的比例小于 25%
E. 支付的补价占换入资产公允价值与支付的补价之和的比例小于 25%

14. 下列各项交易中，属于非货币性资产交换的有(   )。
A. 以固定资产换入股权　　　　　B. 以银行汇票购买原材料
C. 以银行本票购买固定资产　　　D. 以无形资产换入原材料

15. 非货币性资产交换符合 (   )条件的，视为具有商业实质。
A. 换入资产未来现金流量的风险、金额与换出资产相同，时间不同
B. 换入资产未来现金流量的时间、金额与换出资产相同，风险不同
C. 换入资产未来现金流量的风险、时间与换出资产相同，金额不同
D. 换入资产与换出资产的预计未来现金流量现值不同，且其差额与换入资产和换出资产的公允价值相比是重大的

16. 企业进行具有商业实质且公允价值能够可靠计量的非货币性资产交换，同一事项同时影响双方换入资产入账价值的因素有(   )。

A. 企业支付的补价或收到的补价
B. 企业为换出存货而交纳的增值税
C. 企业换出资产的账面价值
D. 企业换出资产计提的资产减值准备

17. 在不具有商业实质、不涉及补价的非货币性资产交换中，确定换入资产入账价值应考虑的因素有( )。
    A. 换出资产的账面余额
    B. 换出资产计提的减值准备
    C. 换出资产应支付的相关税费
    D. 换出资产账面价值与其公允价值的差额

18. 非货币性资产交换中，在满足( )条件时，应以账面价值和应支付的相关税费作为换入资产的成本。
    A. 该项交换不具有商业实质
    B. 换入资产或换出资产的公允价值不能够可靠地计量
    C. 该项交换具有商业实质
    D. 换入资产或换出资产的公允价值能够可靠地计量

19. 下列资产中，属于货币性资产的有( )。
    A. 应收票据   B. 应收账款
    C. 准备持有至到期的债券投资   D. 预付账款

20. 下列不属于非货币性资产的有( )。
    A. 应收账款   B. 库存商品
    C. 固定资产   D. 短期投资的股票
    E. 准备持有到期的长期债券投资

21. 常见的或有事项包括( )。
    A. 未决诉讼或仲裁   B. 承诺
    C. 亏损合同   D. 重组义务

22. 下列说法中正确的有( )。
    A. 基本确定是指发生的可能性大于或等于95%但小于100%
    B. 很可能是指发生的可能性大于或等于50%但小于95%
    C. 可能是指发生的可能性大于5%但小于或等于50%
    D. 极小可能是指发生的可能性大于0但小于或等于5%

23. 或有事项的计量主要涉及( )。
    A. 可能性的判断   B. 最佳估计数的确定
    C. 预期可获得补偿的处理   D. 预计负债的确认

24. 如果清偿因或有事项而确认的负债所需支出全部或部分预期由第三方或其他方补偿，则下列说法中错误的有( )。
    A. 补偿金额在基本确定收到时，企业应按所需支出确认负债，而不能扣除补偿金额

B. 补偿金额只能在基本确定收到时，作为资产单独确认，且确认的补偿金额不应超过所确认负债的账面价值

C. 补偿金额只能在很可能收到时，作为资产单独确认，且确认的补偿金额不应超过所确认负债的账面价值

D. 补偿金额在基本确定收到时，企业应按所需支出扣除补偿金额确认负债

25. 将或有事项确认为负债，其金额应是清偿该负债所需支出的最佳估计数，则下列说法中正确的有(   )。

    A. 所需支出存在一个连续范围，且该范围内各种结果发生的可能性相同，最佳估计数应当按该范围内的中间值确定

    B. 如果所需支出不存在一个金额范围，或有事项涉及单个项目时，最佳估计数按最可能发生金额确定

    C. 如果所需支出不存在一个金额范围，或有事项涉及多个项目时，最佳估计数按各种可能发生额及其发生概率计算确定

    D. 如果所需支出不存在一个金额范围，或有事项涉及多个项目时，最佳估计数按各种可能发生额的算术平均数确定

26. 下列各事项中，属于会计政策变更的有(   )。

    A. 按规定，存货期末计价的方法由成本法改为成本与可变现净值孰低法

    B. 收入确认由完工百分比法改为完工合同法

    C. 无形资产摊销年限从 10 年改为 6 年

    D. 因追加投资将长期股权投资从成本法改为权益法

27. 下列各项中，符合《企业会计准则》规定的会计政策变更是(   )。

    A. 根据《企业会计准则》、规章的要求而变更会计政策

    B. 为提供更可靠、更相关的信息采用新的会计政策

    C. 对初次发生的事项采用新的会计政策

    D. 本期发生的交易或事项与以前相比具有本质差别而采用新的会计政策

28. 下列各项中，属于会计估计变更的有(   )。

    A. 固定资产的净残值率由 10%改为 5%

    B. 存货的期末计价由成本法改为成本与市价孰低法

    C. 坏账准备的提取比例由 5%提高为 10%

    D. 法定盈余公积的提取比例由 5%提高为 8%

29. 下列关于会计估计变更的说法中，正确的有(   )。

    A. 会计估计变更应采用未来适用法进行会计处理

    B. 会计估计变更应采用追溯调整法进行会计处理

    C. 如果会计估计变更仅影响变更当期，有关估计变更的影响应于当期确认

    D. 如果会计估计变更既影响变更当期又影响未来期间，有关估计变更的影响在当期及以后期间确认

30. 企业发生的下列事项中，应作为重要差错更正的有(   )。

    A. 由于地震使厂房使用寿命受到影响，调减了厂房的预计使用年限

B. 根据规定对资产计提减值准备，考虑到利润指标超额完成太多，根据谨慎性原则，多提了存货跌价准备

C. 由于出现新技术，将专利权的摊销年限由 8 年改为 5 年

D. 鉴于当期利润完成状况不佳，将固定资产的折旧方法由双倍余额递减法改为直线法

31. 某上市公司财务会计报告批准报出日为次年 4 月 30 日，该公司在资产负债表日后发生以下事项，其中属于非调整事项的有(　　)。

A. 接到某债务人 1 月 28 日发生一场火灾，导致重大损失，以至于不能偿还货款的通知，该公司已将此货款于资产负债表日计入应收账款

B. 外汇汇率发生较大变动

C. 新证据表明资产负债表日对长期建造合同应计收益的估计存在重大误差

D. 发行债券筹资

32. 资产负债表日后非调整事项的特点为(　　)。

A. 在资产负债表日或以前已经存在

B. 在资产负债表日并未发生或存在

C. 资产负债表日得以证实

D. 期后发生的事项

33. 对于资产负债表日后事项的非调整事项，应在会计报表附注中披露的有(　　)。

A. 非调整事项的内容

B. 非调整事项可能对财务状况的影响

C. 非调整事项可能对经营成果的影响

D. 非调整事项在报告年度以后可能的调整

34. 下列有关涉及资产负债表日后事项中，说法正确的有(　　)。

A. 2020 年 1 月 20 日，即 2019 年度财务会计报告尚未报出，甲企业的股东将其 60% 的普通股以溢价出售给了丁企业。这一交易对甲企业来说，属于调整事项

B. 甲企业由于经济衰退原因陷入财务困境，已举措大量的长期债务为其经营活动筹资。甲企业董事会认为，如果能减少长期债务的金额并降低债务上的利率，将会消除反复发生的经营损失。在 2020 年 1 月，甲企业与其债权人进行协商以重组债务条款，债务总额为 800 万元。2020 年 2 月与债权人的协商得出结论：债务的 50% 转换为甲企业的一定数量的普通股，并且降低剩余债务的利率。由于债务重组的决定是在 2020 年 1 月作出的，2020 年 2 月正式进行债务重组，但对企业未来的经营有可能产生重大影响。因此，应当作为非调整事项在 2019 年度会计报表附注中进行披露

C. 资产负债表日后出现的情况引起固定资产或投资上的减值，属于非调整事项

D. 资产负债表日后发生的调整事项，应当如同资产负债表所属期间发生的事项一样，作出相关账务处理，并对资产负债表日已编制的会计报表作出相应的调整

35. 某公司2019年度财务会计报告批准报出日为2020年3月30日,该公司2020年1月1日至3月30日之前发生的下列事项,需要对2019年度会计报表进行调整的有( )。
    A. 2020年2月25日,发生火灾导致存货损失100万元
    B. 2020年1月29日,得到法院通知,因2019年度银行贷款担保应向银行支付贷款及罚息等共计95万元(2019年年末已确认预计负债80万元)
    C. 2020年1月25日,完成了2019年12月20日销售的必须安装设备的安装工作,并收到销售款100万元
    D. 2020年2月15日,收到了被退回的于2019年12月15日销售的设备一台

36. 企业选定记账本位币,应当考虑的因素有( )。
    A. 该货币主要影响商品和劳务所需人工、材料和其他费用,通常以该货币进行上述费用的计价和结算
    B. 该货币主要影响商品和劳务的销售价格,通常以该货币进行商品和劳务的计价和结算
    C. 融资活动获得的货币以及保存从经营活动中收取款项所使用的货币
    D. 影响当期汇兑差额数额的大小

37. 我国某企业的记账本位币为港币,则下列说法中不正确的有( )。
    A. 该企业以港币计价和结算的交易属于外币交易
    B. 该企业以人民币计价和结算的交易属于外币交易
    C. 该企业期末编报的财务报表应当折算为人民币
    D. 该企业期末采用港币编制财务报表,不需要折算为人民币

38. 企业在对境外经营的财务报表进行折算时,下列项目可采用发生时的即期汇率折算的有( )。
    A. 固定资产   B. 资本公积   C. 实收资本   D. 盈余公积

39. 企业发生外币交易时可以选择的折算汇率有( )。
    A. 交易日的即期汇率   B. 外汇牌价的买入价
    C. 外汇牌价的卖出价   D. 即期汇率的近似汇率

40. 外币报表折算时,应当按照交易发生时的即期汇率折算的项目有( )。
    A. 无形资产   B. 应付账款   C. 资本公积   D. 实收资本

三、判断题

1. 按照《企业会计准则》的规定,投资性房地产的后续计量,既可以采用成本模式计量,在符合规定条件的情况下也可以采用公允价值模式计量,但企业对投资性房地产计量模式一经确定不得随意变更。( )
2. 企业以融资租赁方式出租建筑物是作为投资性房地产进行核算的。( )
3. 企业不论在成本模式下,还是在公允价值模式下,投资性房地产取得的租金收入,均确认为其他业务收入。( )
4. 企业采用公允价值模式进行后续计量的,不对投资性房地产计提折旧或进行摊

销，应当以资产负债表日投资性房地产的公允价值为基础调整其账面价值，公允价值与原账面价值之间的差额计入其他业务成本或其他业务收入。( )

5. 已采用公允价值模式计量的投资性房地产，不得从公允价值模式转为成本模式。( )
6. 在以成本模式计量的情况下，将作为存货的房地产转换为投资性房地产的，应按其在转换日的账面余额，借记"投资性房地产"账户，贷记"开发产品"等账户。( )
7. 采用公允价值模式计量的投资性房地产转换为自用房地产时，应当以其转换当日的公允价值作为自用房地产的账面价值，公允价值与原账面价值的差额计入当期损益(公允价值变动损益)。( )
8. 自用房地产或存货转换为采用公允价值模式计量的投资性房地产时，投资性房地产应当按照转换当日的公允价值计量，公允价值与原账面价值的差额计入当期损益(公允价值变动损益)。( )
9. 企业出售投资性房地产或者发生投资性房地产毁损，应当将处置收入扣除其账面价值和相关税费后的金额直接计入所有者权益。( )
10. 若企业采用成本模式对投资性房地产进行后续计量,企业应对已出租的建筑物计提折旧。( )
11. 短期股票投资和应收账款都属于货币性资产。( )
12. 非货币性资产交换是指交易双方以非货币性资产进行的交换，不涉及货币性资产。( )
13. 某企业以其不准备持有至到期的国库券换入一幢房屋以备出租，该项交易具有商业实质。( )
14. 企业持有非货币性资产的目的是通过出售获利，而持有货币性资产的目的是使用。( )
15. 在非货币性资产交换中，如果换出资产的公允价值小于其账面价值，按照谨慎性要求采用公允价值作为换入资产入账价值的基础。( )
16. 非货币性资产交换中不会涉及货币性资产。( )
17. 准备持有至到期的债券投资属于非货币性资产。( )
18. 换入资产的未来现金流量在风险、时间和金额方面与换出资产显著不同，表明非货币性资产具有商业实质。( )
19. 当非货币性资产交换同时满足"交换具有商业实质"和"换入资产和换出资产的公允价值能够可靠地计量"两个条件时，应当以公允价值和应支付的相关税费作为换入资产成本，公允价值与换出资产账面价值的差额计入当期损益。( )
20. 当换入资产和换出资产公允价值不能够可靠地计量时，若不涉及补价，应当以换出资产账面价值和应支付的相关税费作为换入资产成本，不确认损益。( )
21. 或有事项是指过去的交易或者事项形成的，其结果须由某些过去或未来事项的发生或不发生才能决定的不确定事项。( )
22. 或有负债是指过去的交易或者事项形成的潜在义务，其存在须通过未来不确定事项的发生或不发生予以证实；或过去的交易或者事项形成的现时义务，履行该义务不

是很可能导致经济利益流出企业或该义务的金额不能可靠计量。（　）

23. 企业清偿预计负债所需支付的全部或部分预期由第三方补偿的，补偿金额只有在完全确定能够收到时才能作为资产单独确认。（　）

24. 或有负债只涉及潜在的义务。（　）

25. 企业清偿预计负债所需支付的全部或部分预期由第三方补偿的，补偿金额只有在基本确定能够收到时才能作为资产单独确认。确认的补偿金额不应超过所确认预计负债的账面价值。（　）

26. 将某项短期投资转为长期投资核算时，应当作为会计政策变更处理。（　）

27. 在同一会计期间内对相同的交易或事项随意由原来采用的会计政策改用另一会计政策的行为属于会计政策变更。（　）

28. 对于初次发生的事项或交易采用新的会计政策，不属于会计政策变更。（　）

29. 有关在会计报表附注中披露会计估计变更的要求与披露会计政策变更的要求是基本一致的。（　）

30. 进行会计估计是根据当前所掌握的可靠证据并据以作出的最佳估计，故并不会对会计核算的可靠性产生影响。（　）

31. 固定资产的折旧方法由平均年限法改为双倍余额递减法属于会计估计变更，应采用未来适用法进行处理。（　）

32. 无充分合理的证据表明会计政策变更的合理性或者未经股东大会等类似权力机构批准擅自变更会计政策的，或者连续、反复地自行变更会计政策的，视为滥用会计政策，按照重要差错来进行会计处理。（　）

33. 2020 年 7 月 10 日，在 2019 年度财务会计报告批准报出后，发现 2019 年度固定资产少提折旧 300 万元。企业应调整 2020 年度会计报表相关项目的期初数和上年数。（　）

34. 企业发现重要差错，无论是本期的差错还是以前期间的差错，均应调整期初留存收益和其他相关项目。（　）

35. 企业账簿因不可抗力而毁坏引起累积影响数无法确定，应采用未来适用法处理会计政策变更。（　）

36. 企业在资产负债表日后发生严重火灾，损失仓库一幢，这一事项属于调整事项。（　）

37. 交易性金融资产因资产负债表日后市价严重下跌，公司应将其视为资产负债表日后调整事项。（　）

38. 对资产负债表日后事项中的非调整事项，只进行账务处理，不需要披露。（　）

39. 对资产负债表日后事项中的调整事项，涉及损益的事项，通过"以前年度损益调整"账户核算，然后将"以前年度损益调整"的余额转入"本年利润"账户。（　）

40. 资产负债表日后事项中的调整事项，涉及损益调整的事项，直接在"利润分配——未分配利润"账户核算。（　）

41. 企业折算境外经营的资产负债表时，所有者权益项目中除"未分配利润"项目外，其他项目采用发生时的即期汇率折算。（　）

42. 企业对境外子公司的外币资产负债表进行折算时,采用资产负债表日的即期汇率折算。( )

43. 以成本与可变现净值孰低计量的存货,在以外币购入存货且该存货在资产负债表日的可变现净值以外币反映的情况下,确定资产负债表日存货价值时应考虑汇率变动的影响。( )

44. 企业收到投资者投入的资本,应按合同约定的汇率进行折算。( )

45. 企业发生外币交易时,都应该采用交易发生日的即期汇率将外币金额折算为记账本位币金额。( )

四、实务操作题

1. 2020年4月20日乙公司购买一块土地使用权,购买价款为4 000万元,支付相关手续费40万元,款项全部以银行存款支付。公司购买后准备等其增值后予以转让。乙公司对该投资性房地产采用公允价值模式进行后续计量。

该项投资性房地产2020年取得租金收入为300万元,已存入银行,假定不考虑其他相关税费。经复核,该投资性房地产2020年12月31日的公允价值为4 100万元。

要求:编制乙公司相关的会计处理。(注:金额单位用万元表示。)

2. 乙公司将原采用公允价值计量模式计价的一栋出租用厂房收回,作为企业的一般性固定资产处理。在出租收回前,该投资性房地产的成本和公允价值变动明细账户分别为800万元和100万元(借方)。转换当日该厂房的公允价值为870万元。

要求:编制乙公司转换日的会计处理。(注:金额单位用万元表示。)

3. 甲公司为一家上市公司,2018—2020年与投资性房地产有关的业务资料如下。

(1) 2018年1月,甲公司购入一栋建筑物,取得的增值税专用发票上注明的价款为800万元,款项以银行存款转账支付。不考虑其他相关税费。

(2) 甲公司购入的上述用于出租的建筑物预计使用寿命为15年,预计净残值为35万元,采用年限平均法按年计提折旧。

(3) 甲公司将取得的该项建筑物自当月起用于对外经营租赁,并对该房地产采用成本模式进行后续计量。

(4) 甲公司该项房地产2018年取得租金收入90万元,已存入银行。假定不考虑其他相关税费。

(5) 2020年12月,甲公司将原用于出租的建筑物收回,作为企业经营管理用固定资产处理。

要求:

① 编制甲公司2018年1月取得该项建筑物的会计分录。
② 计算2018年度甲公司对该项建筑物计提的折旧额,并编制相应的会计分录。
③ 编制甲公司2018年取得该项建筑物租金收入的会计分录。
④ 计算甲公司该项房地产2019年年末的账面价值。
⑤ 编制甲公司2020年收回该项建筑物的会计分录。

(注:金额单位用万元表示。)

4. 甲房地产公司于2016年12月31日将一建筑物对外出租并采用公允价值模式计量，租期为3年，每年12月31日收取租金300万元。出租当日，该建筑物的成本为2 800万元，已计提折旧400万元，尚可使用年限为20年，公允价值为1 800万元。2017年12月31日，该建筑物的公允价值为1 850万元。2018年12月31日，该建筑物的公允价值为1 890万元。2019年12月31日，该建筑物的公允价值为1 820万元。2020年1月5日，甲房地产公司将该建筑物对外出售，收到1 900万元并存入银行。

要求：编制甲房地产公司上述经济业务的会计分录。

5. 甲公司为增值税一般纳税人，经协商用一项长期股权投资交换乙公司的库存商品。该项长期股权投资的账面余额为2 300万元，计提长期股权投资减值准备为300万元，公允价值为2 100万元；库存商品的账面余额为1 550万元，已提存货跌价准备为50万元，公允价值和计税价格均为2 000万元，增值税税率为13%。乙公司向甲公司支付补价100万元。假定不考虑其他税费，该项交易具有商业实质。

要求：分别计算甲、乙公司换入资产的入账价值并进行账务处理。(注：金额单位用万元表示。)

6. 甲公司以其生产经营用的设备与乙公司作为固定资产的货运汽车交换，相关资料如下。

(1) 甲公司换出"固定资产——设备"：原价为1 800万元，已计提折旧为300万元，公允价值为1 650万元，以银行存款支付了设备清理费用15万元。

(2) 乙公司换出"固定资产——货运汽车"：原价为2 100万元，已计提折旧为550万元，公允价值为1 680万元。乙公司收到甲公司支付的补价30万元。

假设甲公司将换入的货运汽车作为固定资产管理，该项交易不具有商业实质。另外，甲公司未对换出设备计提减值准备。

要求：分别编制甲公司、乙公司的账务处理。

7. 2020年12月28日，甲公司因合同违约而涉及一桩诉讼案。根据企业的法律顾问判断，最终的判决很可能对甲公司不利。2020年12月31日，甲公司尚未接到法院的判决，因诉讼须承担的赔偿金额也无法准确地确定。不过，据专业人士估计，赔偿金额可能是800万元至1 000万元之间的某一金额。

要求：编制甲公司资产负债表日的相关处理。

8. 2020年，甲企业销售产品50 000件，销售额为18 000万元。甲企业的产品质量保证条款规定：产品售出后一年内，如发生正常质量问题，甲企业将免费负责修理。根据以往经验，如果出现较小的质量问题，则须发生的修理费为销售额的1.5%；而如果出现较大的质量问题，则须发生的修理费为销售额的3%。据预测，本年度已售产品中，有75%不会发生质量问题，有20%将发生较小质量问题，有5%将发生较大质量问题。

要求：编制该企业资产负债表日的相关处理。

9. 甲公司系上市公司，该公司将2018年12月建造完工的办公楼作为投资性房地产对外出租，至2020年1月1日，该办公楼的原价为3 000万元(同建造完工时公允价值)，已提折旧280万元，已提减值准备120万元。2020年1月1日，甲公司决定采用公允价值对出租的办公楼进行后续计量。该办公楼 2019 年 12 月 31 日的公允价值为 2 800 万元,该公司按净利润的 10%提取法定盈余公积,不考虑所得税的调整。2020 年 12 月 31 日,该办公楼的公允价值为 2 950 万元。假定 2020 年 1 月 1 日前无法取得该办公楼的公允价值。

要求:

① 编制甲公司 2020 年 1 月 1 日会计政策变更的会计分录。

② 编制 2020 年 12 月 31 日投资性房地产公允价值变动的会计分录。

10. 甲股份有限公司为一般工业企业,所得税税率为 25%,按净利润的 10%提取法定盈余公积,按净利润的 5%提取任意盈余公积。在 2020 年度发生如下事项。

(1) 甲公司于 2017 年 1 月 1 日起计提折旧的管理用机器设备一台,原价为 200 000 元,预计使用年限为 10 年(不考虑净残值因素),按直线法计提折旧。由于技术进步的原因,在 2020 年 1 月 1 日起,决定对原估计的使用年限改为 8 年(假定会计和税法对折旧的处理始终保持相同)。

(2) 甲公司于 2020 年 3 月发现 2017 年预付的车辆保险费 2 000 元(未达到重要性水平)计入"待摊费用",但未进行摊销。

(3) 甲公司于 2019 年所得税汇算清缴前发现 2019 年已经售出并已确认收入的一批产成品,没有相应地结转产品销售成本,成本金额为 100 000 元。

要求:判断上述事项分别属于哪种会计变更或差错,同时说明甲公司 2020 年度应如何进行相应的会计处理以及事项(1)、(3)应如何在报表中披露。

11. 甲公司 2019 年 4 月销售给乙公司一批产品,价款为 58 000 元(含应向购货方收取的增值税税额),乙公司于 5 月收到所购物资并验收入库,按合同规定,乙公司应于收到所购物资后一个月内付款。由于乙公司财务状况不佳,到 2019 年 12 月 31 日仍未付款。甲公司于 12 月 31 日编制 2019 年度会计报表时,已为该项应收账款提取坏账准备 2 900 元(假定坏账准备提取比例为 5%),该年 12 月 31 日资产负债表上"应收账款"项目的金额为 76 000 元,该项应收账款已按 55 100 元列入资产负债表上"应收账款"项目内。甲公司于 2020 年 3 月 2 日收到乙公司通知,乙公司已进行破产清算,无力偿还所欠部分货款,预计甲公司可收回应收账款的 40%。甲公司为一般工业企业,所得税税率为 25%,按净利润的 10%提取法定盈余公积,按净利润的 5%提取任意盈余公积。

要求:编制甲公司相关的会计处理。

12. 甲公司 2019 年 11 月 8 日销售一批商品给乙公司,取得收入 120 万元(不含税,增值税税率为 13%)。甲公司发出商品后,按照正常情况已确认收入,并结转成本 100 万元。2019 年 12 月 31 日,该笔货款尚未收到,甲公司未对应收账款计提坏账准备。2019 年 3 月 10 日,由于产品质量问题,本批货物被退回。甲公司于 2020 年 2 月 28 日完成 2019 年所得税汇算清缴。公司财务会计报告批准报出日是次年 3 月 31 日,所得税税率为 25%,按净利润的 10%提取法定盈余公积,提取法定盈余公积后不再作其他分配。

要求:编制甲公司相关的账务处理。

13. 甲有限责任公司的外币交易采用交易发生时的市场汇率进行折算，并按月计算汇兑损益。2020 年 11 月 30 日，假定市场汇率为 1 美元=6.5 元人民币。有关外币账户期末余额如表 13-1 所示。

表 13-1　甲有限责任公司有关外币账户期末余额

项　目	外币账户金额(美元)/万元	汇　率	记账本位币金额(人民币)/万元
银行存款	500	6.5	3 250
应收账款	20	6.5	130
应付账款	10	6.5	65
长期借款	80	6.5	520

甲公司 12 月发生如下外币业务(假定不考虑有关税费)。

(1) 12 月 1 日，甲公司以每股 5 美元的价格购入乙公司的股票 100 万股，作为交易性金融资产核算，假设当日的汇率为 1 美元=6.46 元人民币，款项已用美元支付。

(2) 12 月 10 日，甲公司对外销售一批商品，售价为 30 万美元，当日的市场汇率为 1 美元=6.6 元人民币，款项尚未收到。

(3) 12 月 16 日，收到国外的投资 500 万美元，合同约定的汇率为 1 美元=6.8 元人民币，款项已收到，当日的市场汇率为 1 美元=6.53 元人民币。

(4) 12 月 20 日，甲公司购入一批原材料，该批原材料的价款为 50 万美元，款项尚未支付，当日的市场汇率为 1 美元=6.56 元人民币。

(5) 12 月 23 日，甲公司收到上月应收货款 20 万美元，款项已存入银行，当日的市场汇率为 1 美元=6.55 元人民币。

(6) 12 月 31 日，计提长期借款利息 5 万美元，利息尚未支付，该项长期借款是在 2020 年 1 月 1 日借入的，用于建造固定资产，到期一次还本付息，该项固定资产在 2020 年 1 月 1 日已开始建造，至 2020 年年末尚未完工。

(7) 12 月 31 日，当月购入的乙公司的股票公允价值为每股 4.6 美元，当日的市场汇率为 1 美元=6.56 元人民币。

要求：
① 编制上述业务的相关会计处理。
② 计算期末汇兑损益并作出相关的账务处理(假定不考虑税费的影响)。

14. 甲股份有限公司(以下简称甲公司)对外币业务采用交易发生日的即期汇率折算，按月计算汇兑损益。2020 年 6 月 30 日市场汇率为 1 美元=6.25 元人民币。2020 年 6 月 30 日有关外币账户期末余额如表 13-2 所示。

表 13-2　甲股份有限公司有关外币账户期末余额

项　目	外币金额/美元	折算汇率	折合人民币金额/元
银行存款	100 000	6.25	625 000
应收账款	500 000	6.25	3 125 000
应付账款	200 000	6.25	1 250 000

甲公司 2020 年 7 月发生以下外币业务。

(1) 7 月 15 日，收到某外商投入的外币资本 500 000 美元，当日的市场汇率为 1 美元=6.24 元人民币，款项已由银行收存。

(2) 7 月 18 日，进口一台不需要安装的机器设备，设备价款 400 000 美元，尚未支付，当日的市场汇率为 1 美元=6.23 元人民币。

(3) 7 月 20 日，对外销售产品一批，价款共计 200 000 美元，当日的市场汇率为 1 美元=6.22 元人民币，款项尚未收到。

(4) 7 月 28 日，以外币存款偿还 6 月发生的应付账款 200 000 美元，当日的市场汇率为 1 美元=6.21 元人民币。

(5) 7 月 31 日，收到 6 月发生的应收账款 300 000 美元，当日的市场汇率为 1 美元=6.20 元人民币。

假定不考虑上述交易中的相关税费。

要求：

① 编制 7 月发生的外币业务的会计分录。

② 分别计算 7 月末各外币项目的汇兑损益，并列出计算过程。

③ 编制期末外币账户汇兑损益的会计分录。

参 考 答 案

项目一

一、单项选择题

1~5. DACAD   6~10. DBDBA   11~15. DACBD   16~20. ACCAA

二、多项选择题

1. CDE	2. ABCDE	3. ABCE	4. ABCD	5. ABDE	6. ABD
7. AB	8. CD	9. ABC	10. ABC	11. BD	12. BD
13. ABCD	14. BCD	15. ABCDE	16. ABCDE	17. ACE	18. ABC

三、判断题

1~5. ××√×√   6~10. ××√×√   11~15. ××√√×   16~20. ××√××

项目二

一、单项选择题

1~5. CCABB   6~10. CCDCB   11~15. CDCAD   16~20. DABCD

二、多项选择题

1. ACD	2. ABCDE	3. CD	4. AC	5. CD	6. ABC
7. BC	8. ABD	9. BCD	10. BCD	11. ACE	12. ABD
13. ABC	14. ABCD	15. ABC	16. CD	17. ABCD	18. ABCD

三、判断题

1~5. √××××   6~10. ××√√×   11~15. ××√√×   16~20. ××√××

四、实务操作题

1. (1) 编制会计分录如下。

借：库存现金　　　　　　　　　　　　　　　　3 000
　　贷：银行存款　　　　　　　　　　　　　　　　　3 000

(2) 编制会计分录如下。

借：其他应收款——王平　　　　　　　　　　　2 000
　　贷：库存现金　　　　　　　　　　　　　　　　　2 000

(3) 编制会计分录如下。
借：银行存款　　　　　　　　　　　　　　　　60 000
　　贷：应收账款——甲单位　　　　　　　　　　　　60 000
(4) 编制会计分录如下。
借：原材料——B 材料　　　　　　　　　　　　200 000
　　应交税费——应交增值税(进项税额)　　　　26 000
　　贷：银行存款　　　　　　　　　　　　　　　　226 000
(5) 编制会计分录如下。
借：应付账款——丙单位　　　　　　　　　　　10 000
　　贷：银行存款　　　　　　　　　　　　　　　　10 000
(6) 编制会计分录如下。
借：应收账款——丁单位　　　　　　　　　　　11 300
　　贷：主营业务收入　　　　　　　　　　　　　　10 000
　　　　应交税费——应交增值税(销项税额)　　　　1 300
(7) 编制会计分录如下。
借：管理费用　　　　　　　　　　　　　　　　2 200
　　贷：其他应收款——王平　　　　　　　　　　　2 000
　　　　库存现金　　　　　　　　　　　　　　　　200
(8) 编制会计分录如下。
借：银行存款　　　　　　　　　　　　　　　　26 000
　　贷：库存现金　　　　　　　　　　　　　　　　26 000
(9) 编制会计分录如下。
借：银行存款　　　　　　　　　　　　　　　　11 300
　　贷：应收账款——丁单位　　　　　　　　　　　11 300
(10) 编制会计分录如下。
借：管理费用　　　　　　　　　　　　　　　　1 500
　　贷：银行存款　　　　　　　　　　　　　　　　1 500
(11) 编制会计分录如下。
借：在途物资——B 材料　　　　　　　　　　　40 000
　　应交税费——应交增值税(进项税额)　　　　5 200
　　贷：银行存款　　　　　　　　　　　　　　　　45 200
(12) 编制会计分录如下。
借：应收票据　　　　　　　　　　　　　　　　113 000
　　贷：主营业务收入　　　　　　　　　　　　　　100 000
　　　　应交税费——应交增值税(销项税额)　　　　13 000
(13) 编制会计分录如下。
借：待处理财产损溢——待处理流动资产损溢　　600
　　贷：库存现金　　　　　　　　　　　　　　　　600

(14) 编制会计分录如下。

借：库存现金　　　　　　　　　　　　　　　　　　　　600
　　贷：待处理财产损溢——待处理流动资产损溢　　　　600

2. 编制银行存款余额调节表如表 1 所示。

表 1　某企业银行存款余额调节表

2020 年 7 月 31 日　　　　　　　　　　　　　　　　　　　　　　　　单位：元

项　目	金　额	项　目	金　额
银行存款日记账余额	665 000	银行对账单余额	668 500
加：银行已收款入账，企业未入账款项	10 000	加：企业已收款入账，银行未入账款项	6 400
减：银行已付款入账，企业未入账款项	600 500	减：企业已付款入账，银行未入账款项	1 000
调节后余额	673 900	调节后余额	673 900

3. (1) 编制会计分录如下。

借：其他货币资金——银行汇票存款　　　　　　　　50 000
　　贷：银行存款　　　　　　　　　　　　　　　　　　50 000

(2) 编制会计分录如下。

借：其他货币资金——外埠存款　　　　　　　　　　120 000
　　贷：银行存款　　　　　　　　　　　　　　　　　　120 000

(3) 编制会计分录如下。

借：原材料　　　　　　　　　　　　　　　　　　　　50 000
　　应交税费——应交增值税(进项税额)　　　　　　　6 500
　　贷：其他货币资金——银行汇票存款　　　　　　　50 000
　　　　银行存款　　　　　　　　　　　　　　　　　　6 500

(4) 编制会计分录如下。

借：原材料　　　　　　　　　　　　　　　　　　　　100 000
　　应交税费——应交增值税(进项税)　　　　　　　　13 000
　　银行存款　　　　　　　　　　　　　　　　　　　　7 000
　　贷：其他货币资金——外埠存款　　　　　　　　　120 000

(5) 编制会计分录如下。

借：其他货币资金——银行本票存款　　　　　　　　50 000
　　贷：银行存款　　　　　　　　　　　　　　　　　　50 000

(6) 编制会计分录如下。

借：管理费用　　　　　　　　　　　　　　　　　　　3 500
　　贷：其他货币资金——信用卡存款　　　　　　　　3 500

项目三

一、单项选择题

1～5. CCDDA 6～10. CACBA 11～15. BADDD 16～20. CDACC

二、多项选择题

1. DE 2. ABCDE 3. ABCD 4. AB 5. AB
6. BCE 7. BCD 8. AC 9. AD 10. ABC

三、判断题

1～5. ××××× 6～10. √√√××

四、实务操作题

1. 2020 年 12 月 20 日出售商品时编制会计分录如下。

借：应收账款——乙公司　　　　　　　　　　　　113 000
　　贷：主营业务收入　　　　　　　　　　　　　　100 000
　　　　应交税费——应交增值税(销项税额)　　　　13 000

2020 年 12 月 25 日收到货款的 50%时编制会计分录如下。

借：银行存款　　　　　　　　　　　　　　　　　55 370
　　财务费用　　　　　　　　　　　　　　　　　　1 130
　　贷：应收账款——乙公司　　　　　　　　　　　56 500

2. (1) 公司采购员陈某到外地采购，公司汇款 100 000 元存入当地银行，编制会计分录如下。

借：其他货币资金——外埠存款　　　　　　　　　100 000
　　贷：银行存款　　　　　　　　　　　　　　　　100 000

(2) 公司出售商品一批，价款 80 000 元，增值税税额 10 400 元，商品已发出，款项暂时未收，编制会计分录如下。

借：应收账款　　　　　　　　　　　　　　　　　90 400
　　贷：主营业务收入　　　　　　　　　　　　　　80 000
　　　　应交税费——应交增值税(销项税额)　　　　10 400

(3) 收到远宏公司交来的欠款 60 000 元，存入银行，编制会计分录如下。

借：银行存款　　　　　　　　　　　　　　　　　60 000
　　贷：应收账款——远宏公司　　　　　　　　　　60 000

(4) 公司向银行申请一张金额为 50 000 元的银行本票，款项从银行存款账户中扣除，编制会计分录如下。

借：其他货币资金——银行本票　　　　　　　　　50 000
　　贷：银行存款　　　　　　　　　　　　　　　　50 000

(5) 公司持本票采购商品价款 17 000 元，支付增值税进项税额 2 210 元，并以银行存款向运输部门支付运费 1 500 元,编制会计分录如下。

  借:库存商品   18 500
    应交税费——应交增值税(进项税额)   2 210
    贷:银行存款   1 500
      其他货币资金——银行本票   19 210

(6) 公司向永荣公司销售商品一批,价款 140 000 元,应收增值税销项税额 18 200 元。公司收到永荣公司开出的一张面值为 158 200 元、时间为 6 个月、年利率为 5%的商业汇票,编制会计分录如下。

  借:应收票据   158 200
    贷:主营业务收入   140 000
      应交税费——应交增值税(销项税额) 18 200

(7) 公司收到富强公司开出的面值为 50 000 元、期限为 3 个月、年利率为 5%的银行承兑汇票一张,用以抵付以前的应收账款,编制会计分录如下。

  借:应收票据   50 000
    贷:应收账款——富强公司   50 000

(8) 接到银行通知,公司持有汇联公司一张面值为 50 000 元、时间为 6 个月、利率为 5%的商业兑汇票遭到拒付,编制会计分录如下。

应收票据到期值=50 000×[1+5%×(6/12)]=51 250(元)

  借:应收账款——汇联公司   51 250
    贷:应收票据   50 000
      财务费用   1 250

(9) 公司从友谊公司采购商品一批,价款 44 247.79 元,增值税税额 5 752.21 元,公司将持有的应向富强公司收款的面值 50 000 元的票据背书转让给友谊公司,编制会计分录如下。

  借:库存商品   44 247.79
    应交税费——应交增值税(进项税额)   5 752.21
    贷:应收票据——富强公司   50 000.00

(10) 公司确认本期无法收回的应收账款 20 000 元,经董事会批准同意注销,编制会计分录如下。

  借:坏账准备   20 000
    贷:应收账款   20 000

(11) 2019 年确认核销的美林公司应收账款 2020 年又收回了 10 000 元,编制会计分录如下。

  借:银行存款   10 000
    贷:坏账准备   10 000

(12) 计算应收账款期末余额及本期应计提的坏账准备,并作出相应的会计处理。

应收账款期末余额=150 000+90 400-60 000-50 000+51 250-20 000

```
                    =161 650(元)
坏账准备的余额=1 500-20 000+10 000=-8 500(元)        借方余额
本期坏账准备的余额=161 650×1%=161 6.50(元)           贷方余额
本期计提坏账准备=8 500+161 6.50=10 116.50(元)
借：信用减值损失                                    10 116.50
    贷：坏账准备                                              10 116.50
```

项目四

一、单项选择题

1~5. ABCBD   6~10. AAAAB   11~15. BBBAB   16~20. CCABD

二、多项选择题

1. ACE	2. ABC	3. CD	4. AD	5. AD	6. ABCE
7. BC	8. CD	9. ABCD	10. BC	11. BC	12. AC
13. ABD	14. ABC	15. ABCE	16. BC	17. ABC	18. ADE
19. CDE	20. ACD				

三、判断题

1~5. √××××   6~10. ××××√   11~15. √√√√√   16~20. √×√××

四、实务操作题

1. 加权平均单价=(8 700+12 710+19 200+14 850+6120)÷(3 000+4 100+6 000+4 500+ 1 800)
                =3.17(元)

本期销售成本=15 000×3.17=47 550(元)

期末结存存货成本= (8 700+12 710+19 200+14 850+6120)-47 550=14 030 (元)

2. (1) 材料成本差异率=(5 000-12 000)/(80 000+320 000)
                    =-1.75%

(2) 发出材料应负担的成本差异=280 000×(-1.75%)=-4 900(元)

(3) 发出材料的实际成本=280 000+(-4 900)=275 100(元)

(4) 结存材料应负担的成本差异=5 000+(-12 000)-(-4 900)=-2 100(元)

(5) 结存材料的实际成本=(80 000+320 000-280 000)-2 100 =117 900(元)

3. (1) 编制会计分录如下。

```
借：在途物资                                    20 000
    应交税费——应交增值税(进项税额)               2 600
    贷：银行存款                                          22 600
```

(2) 编制会计分录如下。

```
借：原材料                                      25 000
    应交税费——应交增值税(进项税额)               3 250
```

　　　　贷：银行存款　　　　　　　　　　　　　　　　28 250
(3) 编制会计分录如下。
借：原材料　　　　　　　　　　　　　　　　　　　20 000
　　　　贷：在途物资　　　　　　　　　　　　　　　　20 000
(4) 不作会计分录。
(5) 编制会计分录如下。
借：原材料　　　　　　　　　　　　　　　　　　　40 000
　　　　贷：应付账款——暂估应付账款　　　　　　　40 000
(6) 编制会计分录如下。
借：原材料　　　　　　　　　　　　　　　　　　　40 000
　　　　贷：应付账款——暂估应付账款　　　　　　　40 000
(7) 编制会计分录如下。
借：原材料　　　　　　　　　　　　　　　　　　　40 000
　　　应交税费——应交增值税(进项税额)　　　　　5 200
　　　　贷：银行存款　　　　　　　　　　　　　　　45 200
(8) 编制会计分录如下。
借：制造费用　　　　　　　　　　　　　　　　　　15 000
　　　管理费用　　　　　　　　　　　　　　　　　　4 000
　　　　贷：原材料　　　　　　　　　　　　　　　　19 000
4. (1) 编制会计分录如下。
借：材料采购　　　　　　　　　　　　　　　　　　61 000
　　　应交税费——应交增值税(进项税额)　　　　　7 930
　　　　贷：银行存款　　　　　　　　　　　　　　　68 930
(2) 编制会计分录如下。
借：原材料(5 980×10)　　　　　　　　　　　　　　59 800
　　　材料成本差异　　　　　　　　　　　　　　　　1 200
　　　　贷：材料采购　　　　　　　　　　　　　　　61 000
(3) 编制会计分录如下。
借：生产成本　　　　　　　　　　　　　　　　　　50 000
　　　　贷：原材料　　　　　　　　　　　　　　　　50 000
借：生产成本　　　　　　　　　　　　　　　　　　　 850
　　　　贷：材料成本差异　　　　　　　　　　　　　　 850
材料成本差异率=(500+1 200)/(40 000+59 800)×100% = 1.7%
本月发出材料负担的成本差异额=50 000×1.7% = 850(元)
本月月末库存材料的实际成本=(40 000+59 800-50 000)×(1+1.7%)=50 646.6(元)
5. (1) 2018年年末应计提的跌价准备=863 000-857 220=5 780(元)
应补提的存货跌价准备=5 780-4 210=1 570(元)
编制会计分录如下。
借：资产减值损失　　　　　　　　　　　　　　　　1 570

　　　　贷：存货跌价准备　　　　　　　　　　　　　　　　　　　1 570
(2) 2019年应计提的存货跌价准备=629 000-624 040=4 960(元)
应冲销的存货跌价准备=4 960-5 780=-820(元)
编制会计分录如下。
借：存货跌价准备　　　　　　　　　　　　　　　　　　　　820
　　贷：资产减值损失　　　　　　　　　　　　　　　　　　　　820
(3) 2020年年末应计提的存货跌价准备=0
应冲销的存货跌价准备=0-4 960=-4 960(元)
编制会计分录如下。
借：存货跌价准备　　　　　　　　　　　　　　　　　　　　4 960
　　贷：资产减值损失　　　　　　　　　　　　　　　　　　　4 960
6. (1) 结算款项。
借：周转材料　　　　　　　　　　　　　　　　　　　　　30 800
　　应交税费——应交增值税(进项税额)　　　　　　　　　　3 900
　　贷：银行存款　　　　　　　　　　　　　　　　　　　　34 700
(2) 验收低值易耗品。
借：周转材料　　　　　　　　　　　　　　　　　　　　　60 000
　　贷：在途物资　　　　　　　　　　　　　　　　　　　　60 000
(3) 借：制造费用　　　　　　　　　　　　　　　　　　　　3 800
　　　　贷：周转材料　　　　　　　　　　　　　　　　　　　3 800
(4) 发出低值易耗品。
借：周转材料——在用低值易耗品　　　　　　　　　　　　66 000
　　贷：周转材料——在库低值易耗品　　　　　　　　　　　66 000
本月摊销。
借：制造费用　　　　　　　　　　　　　　　　　　　　　 6 000
　　管理费用　　　　　　　　　　　　　　　　　　　　　　27 000
　　贷：周转材料——低值易耗品摊销　　　　　　　　　　　33 000
(5) 借：库存现金　　　　　　　　　　　　　　　　　　　　　100
　　　　贷：制造费用　　　　　　　　　　　　　　　　　　　　100
7. (1) 借：周转材料　　　　　　　　　　　　　　　　　　　1 500
　　　　贷：待处理财产损溢——待处理流动资产损溢　　　　　1 500
(2) 借：待处理财产损溢——待处理流动资产损溢　　　　　　47 736
　　　　贷：原材料　　　　　　　　　　　　　　　　　　　　40 000
　　　　　　材料成本差异　　　　　　　　　　　　　　　　　　800
　　　　　　应交税费——应交增值税(进项税额转出)　　　　 6 936
(3) 借：待处理财产损溢——待处理流动资产损溢　　　　　　30 750
　　　　贷：库存商品　　　　　　　　　　　　　　　　　　　28 000
　　　　　　应交税费——应交增值税(进项税额转出)　　　　 2 750

(4) 处理盘亏或毁损。

借：管理费用　　　　　　　　　　　　　　　　47 736
　　其他应收款　　　　　　　　　　　　　　　18 450
　　原材料　　　　　　　　　　　　　　　　　　　500
　　营业外支出　　　　　　　　　　　　　　　11 800
　　　贷：待处理财产损溢——待处理流动资产损溢　　78 486

处理盘盈。

借：待处理财产损溢——待处理流动资产损溢　　1 500
　　　贷：管理费用　　　　　　　　　　　　　　　1 500

8. 由于甲公司持有的笔记本电脑数量 14 000 台多于已经签订销售合同的数量 10 000 台。因此，销售合同约定数量 10 000 台，应以销售合同约定的销售价格作为计量基础，超过的部分 4 000 台可变现净值应以一般销售价格作为计量基础。

(1) 有合同部分。

① 可变现净值=10 000×1.50-10 000×0.05=14 500(万元)

② 账面成本=10 000×1.41=14 100(万元)

③ 计提存货跌价准备金额=0

(2) 没有合同的部分。

① 可变现净值=4 000×1.30-4 000×0.05=5 000(万元)

② 账面成本=4 000×1.41=5 640(万元)

③ 计提存货跌价准备金额=5 640-5 000=640(万元)

(3) 编制会计分录如下。

借：资产减值损失——计提的存货跌价准备　　6 400 000
　　　贷：存货跌价准备　　　　　　　　　　　　6 400 000

(4) 2020 年 3 月 6 日向乙公司销售笔记本电脑 10 000 台。

借：银行存款　　　　　　　　　　　　　　　169 500 000
　　　贷：主营业务收入(10 000×15 000)　　　　150 000 000
　　　　　应交税费——应交增值税(销项税额)　　19 500 000
借：主营业务成本(10 000×14 100)　　　　　141 000 000
　　　贷：库存商品　　　　　　　　　　　　　1 410 000 000

(5) 2020 年 4 月 6 日销售笔记本电脑 100 台，市场销售价格为每台 12 000 元。

借：银行存款　　　　　　　　　　　　　　　　1 356 000
　　　贷：主营业务收入(100×12 000)　　　　　　1 200 000
　　　　　应交税费——应交增值税(销项税额)　　　156 000
借：主营业务成本(100×14100)　　　　　　　1 410 000
　　　贷：库存商品　　　　　　　　　　　　　　1 410 000

因销售应结转的存货跌价准备=640÷5 640×141=16(万元)

借：存货跌价准备　　　　　　　　　　　　　　160 000
　　　贷：主营业务成本　　　　　　　　　　　　160 000

【答案解析】　期末对存货进行计量时，如果同一类存货，其中一部分有合同价格约定,另一部分没有合同价格,则需要将该类存货区分为合同价格约定部分和没有合同价格约定部分,分别计算其期末可变现净值,并与其相应的成本比较,分别确定是否需要计提存货跌价准备,由此所计提的存货跌价准备不得相互抵消。

9. (1) 用A材料生产仪表的生产成本=88 000+64 000=152 000(元)

(2) 用A材料生产仪表的可变现净值=1 800×80-4 000=140 000(元)

因为,用A材料生产仪表的可变现净值140 000元小于仪表的生产成本152 000元,所以A材料应当按可变现净值计量。

A材料的可变现净值=1 800×80-64 000-4 000=76 000(元)

(3) 2020年12月31日A材料应计提的跌价准备=88 000-76 000=12 000(元)

借:资产减值损失——计提的存货跌价准备　　　　　　　　12 000
　　贷:存货跌价准备——A材料　　　　　　　　　　　　　　12 000

项目五

一、单项选择题

1～5. BDCA B　　　　6～10. DDBDD　　11～15. D ABBA　　16～20. BCCDB
21～25. ACACB　　　26～30. CD ABD

二、多项选择题

1. ABD　　2. ABD　　3. AC　　4. AB　　5. CD　　6 AB
7. AC　　8. BC　　9. ABCDE　　10. ABD　　11. ABD　　12. ABE
13. BCD　　14. AC　　15. ABDE　　16. BCD　　17. ABD　　18. ABC
19. ABC　　20. ABDE

三、判断题

1～5. ××××√　　6～10. ×√×√×　　11～15. ×√√√×

四、实务操作题

1. (1) 2016年1月1日应编制会计分录如下。

借:债权投资——成本　　　　　　　　　　　　　　　　80 000
　　　　　　——利息调整　　　　　　　　　　　　　　　4 000
　　贷:银行存款　　　　　　　　　　　　　　　　　　　84 000

(2) 2016年12月31日应编制会计分录如下。

借:应收利息　　　　　　　　　　　　　　　　　　　　9 600
　　贷:投资收益(84 000×10.66%)　　　　　　　　　　　8 954
　　　　债权投资——利息调整　　　　　　　　　　　　　646

收到利息时应编制会计分录如下。

借:银行存款　　　　　　　　　　　　　　　　　　　　9 600
　　贷:应收利息　　　　　　　　　　　　　　　　　　　9 600

(3) 2017 年 12 月 31 日应编制会计分录如下。

借：应收利息 9 600
　　贷：投资收益[(84 000-646)×10.66%] 8 886
　　　　债权投资——利息调整 714

收到利息时应编制会计分录如下。

借：银行存款 9 600
　　贷：应收利息 9 600

(4) 2018 年 12 月 31 日应编制会计分录如下。

借：应收利息 9 600
　　贷：投资收益[(84 000-646-714)×10.66%] 8 809
　　　　债权投资——利息调整 791

收到利息时应编制会计分录如下。

借：银行存款 9 600
　　贷：应收利息 9 600

(5) 2019 年 12 月 31 日应编制会计分录如下。

借：应收利息 9 600
　　贷：投资收益[(84 000-646-714-791)×10.66%] 8 725
　　　　债权投资——利息调整 875

收到利息时应编制会计分录如下。

借：银行存款 9 600
　　贷：应收利息 9 600

(6) 2020 年 12 月 31 日应编制会计分录如下。

借：应收利息 9 600
　　贷：投资收益 8 626
　　　　债权投资——利息调整(4000-646-714-791-875) 974

收到利息和本金时应编制会计分录如下。

借：银行存款 89 600
　　贷：应收利息 9 600
　　　　债权投资——成本 80 000

2. 编制甲公司经济业务的会计分录。

(1) 2020 年 3 月 2 日，购入时，

借：交易性金融资产——A 公司股票(成本) 4 000 000
　　投资收益 80 000
　　贷：银行存款 4 080 000

(2) 2020 年 6 月 30 日，确认公允价值变动-500 000 元(500 000×7-4000 000)时，

借：公允价值变动损益 500 000
　　贷：交易性金融资产——A 公司股票(公允价值变动) 500 000

(3) 2020 年 8 月 10 日，A 公司宣告分派现金股利，甲公司确认 50 000 元(500 000×0.10)时，

借：应收股利	50 000	
贷：投资收益		50 000

(4) 2020 年 8 月 20 日，收到股利时，

借：银行存款	50 000	
贷：应收股利		50 000

(5) 2020 年 12 月 31 日，确认公允价值变动 600 000 元(500 000×8.20-3500 000)时，

借：交易性金融资产——A 公司股票(公允价值变动)	600 000	
贷：公允价值变动损益		600 000

(6) 2021 年 1 月 8 日，处置时，

借：银行存款	4 900 000	
贷：交易性金融资产——A 公司股票(成本)		4 000 000
交易性金融资产——A 公司股票(公允价值变动)		100 000
投资收益		800 000

3. (1)2019 年 1 月 1 日，购入乙公司债券时，

借：交易性金融资产——乙公司债券(成本)	310 000	
应收利息——乙公司	15 000	
投资收益	2 000	
贷：银行存款		327 000

(2) 2019 年 1 月 5 日，收到债券利息时，

借：银行存款	15 000	
贷：应收利息——乙公司		15 000

(3) 2019 年 12 月 31 日，计算债券利息时，

借：应收利息——乙公司	15 000	
贷：投资收益		15 000

(4) 2019 年 12 月 31 日，确认公允价值变动损益时，

借：交易性金融资产——乙公司债券(公允价值变动)	30 000	
贷：公允价值变动损益		30 000

(5) 2020 年 1 月 5 日，收到债券利息时，

借：银行存款	15 000	
贷：应收利息——乙公司		15 000

(6) 2020 年 6 月 30 日，出售债券 60%时，

借：银行存款	210 000	
贷：交易性金融资产——乙公司债券(成本)		186 000
交易性金融资产——乙公司债券(公允价值变动)		18 000
投资收益		6 000

(7) 2020 年 12 月 31 日，计算债券利息时，

借：应收利息——乙公司	6 000	
贷：投资收益		6 000

(8) 2020年12月31日,确认公允价值变动损益时,
借:公允价值变动损益　　　　　　　　　　　　　10 000
　　贷:交易性金融资产——乙公司债券(公允价值变动)　　10 000
(9) 2021年1月1日,债券到期时,
借:银行存款　　　　　　　　　　　　　　　　　126 000
　　投资收益　　　　　　　　　　　　　　　　　6 000
　　贷:交易性金融资产——乙公司债券(成本)　　　　12 4000
　　　　交易性金融资产——乙公司债券(公允价值变动)　　2 000
　　　　应收利息　　　　　　　　　　　　　　　6 000

4. (1) 2019年1月1日,购入债券时,
借:其他债权投资——乙公司债券(成本)　　　　　20 000
　　其他债权投资——乙公司债券(利息调整)　　　420
　　贷:银行存款　　　　　　　　　　　　　　　20 420
(2) 2019年12月31日,确认利息收入时,
借:应收利息　　　　　　　　　　　　　　　　　1 200.00
　　贷:投资收益　　　　　　　　　　　　　　　1 126.16
　　　　其他债权投资——乙公司债券(利息调整)　　73.84
(3) 2019年12月31日,确认公允价值变动-46.16元(20 300-20 346.16)时,
借:其他综合收益　　　　　　　　　　　　　　　46.16
　　贷:其他债权投资——乙公司债券(公允价值变动)　46.16
(4) 2019年12月31日,收到利息时,
借:银行存款　　　　　　　　　　　　　　　　　1 200
　　贷:应收利息　　　　　　　　　　　　　　　1 200
(5) 2020年12月31日,确认利息收入时,
借:应收利息　　　　　　　　　　　　　　　　　1 200.00
　　贷:投资收益　　　　　　　　　　　　　　　1 122.09
　　　　其他债权投资——乙公司债券(利息调整)　　77.91
(6) 2020年12月31日,收到利息时,
借:银行存款　　　　　　　　　　　　　　　　　1 200
　　贷:应收利息　　　　　　　　　　　　　　　1 200
(7) 2020年12月31日,确认公允价值变动177.91元(20400-20222.09)时,
借:其他债权投资——乙公司债券(公允价值变动)　　177.91
　　贷:其他综合收益　　　　　　　　　　　　　177.91

5. (1) 2019年10月20日,购入股票时,
借:其他权益工具投资——乙公司股票(成本)　　　204 000
　　贷:银行存款　　　　　　　　　　　　　　　20 4000
(2) 2019年12月31日,确认股票价格变动时,

借：其他权益工具投资——乙公司股票(公允价值变动)	36 000	
贷：其他综合收益		36 000

(3) 2020 年 3 月 18 日，出售股票时，

借：银行存款	300 000	
贷：其他权益工具投资——乙公司股票(成本)		204 000
其他权益工具投资——乙公司股票(公允价值变动)		36 000
其他综合收益		60 000
借：其他综合收益	96 000	
贷：盈余公积		9 600
利润分配——未分配利润		86 400

6. 2019 年。

(1) 投资时，

借：长期股权投资——乙公司	32 000 000	
贷：股本		10 000 000
资本公积——股本溢价		22 000 000

(2) 乙公司宣告分派现金股利时，

借：应收股利——乙公司	2 160 000	
贷：投资收益		2 160 000

(3) 乙公司发放现金股利时，

借：银行存款	2 160 000	
贷：应收股利		2 160 000

2020 年：

(1) 乙公司宣告分派现金股利时，

借：应收股利	1 120 000	
贷：投资收益		1 120 000

(2) 收到现金股利时，

借：银行存款	1 120 000	
贷：应收股利		1 120 000

7. (1) 取得 M 公司长期股权投资时，

借：长期股权投资——M 公司(投资成本)	4 500 000	
贷：银行存款		4 500 000

(2) 调整初始投资成本时，

应调整初始投资成本=4 500 000−10 000 000×50%=−500 000(元)

借：长期股权投资——M 公司(投资成本)	500 000	
贷：营业外收入		500 000

8. (1) 确认其他综合收益时，

借：长期股权投资——A 公司(其他综合收益)	200 000	

贷：其他综合收益　　　　　　　　　　　　　　　　　　200 000
(2) 确认投资损失时，
借：投资收益　　　　　　　　　　　　　　　　　　　　　7 000 000
　　贷：长期股权投资——A公司(损益调整)　　　　　　　　6 200 000
　　　　长期应收款——A公司　　　　　　　　　　　　　　　800 000
(3) 未确认的亏损为200 000元，应备查登记。

项目六

一、单项选择题

1～5. CCACC　　6～10. BDCAB　　11～15. C BBAC　　16～20. BCABB

二、多项选择题

1. ACD	2. AD	3. ABE	4. ACD	5. ABC	6. CD
7. ABC	8. AB	9. BCE	10. ABCD	11. BD	12. ACE
13. ACD	14. ACD	15. BCD	16. ABCD	17. ABC	18. ABCE
19. ABCDE	20. ABD				

三、判断题

1～5. ××√××　　6～10. ×√××√　　11～15. ×××××　　16～20. ×√√××

四、实务操作题

1. (1) 按年限平均法计算。

年折旧率=(1-4%)/8×100%=12%

月折旧率=年折旧率÷12=12%÷12=1%

年折旧额=200 000×(1-4%)÷8=24 000(元)，或：200 000×12%=24 000(元)

月折旧额=24 000÷12=2 000(元)，或：200 000×1%=2 000(元)

(2) 按双倍余额递减法计算。

年折旧率=2÷8×100%=25%

第一年折旧额=200 000×25%=50 000(元)

第二年折旧额=(200 000-50 000)×25%=37 500(元)

第三年折旧额=(150 000-37 500)×25%=28 125(元)

第四年折旧额=(112 500-28 125)×25%=21 093.75(元)

第五年折旧额=(84 375-21 093.75)×25%=15 820.31(元)

第六年折旧额=(63 281.25-15 820.31)×25%=11 865.24(元)

第七、八年折旧额=(47 460.94-11 865.24-200 000×4%)÷2=13 797.85(元)

(3) 按年数总和法计算。

第一年折旧率=8÷36　　折旧额=192 000×8÷36=42 666.67(元)

第二年折旧率=7÷36　　折旧额=192 000×7÷36=37 333.33(元)

第三年折旧率=6÷36　　折旧额=192 000×6÷36=32 000(元)
第四年折旧率=5÷36　　折旧额=192 000×5÷36=26 666.67(元)
第五年折旧率=4÷36　　折旧额=192 000×4÷36=21 333.33(元)
第六年折旧率=3÷36　　折旧额=192 000×3÷36=16 000(元)
第七年折旧率=2÷36　　折旧额=192 000×2÷36=10 666.67(元)
第八年折旧率=1÷36　　折旧额=192 000×1÷36=5 333.33(元)

2. 各项固定资产的入账价值如下。

(1)　不需安装的设备：507 000 元
(2)　需要安装的设备：229 900 元
(3)　自营建造方式购建的流水线：163 640 元
(4)　收到甲公司投入的不需安装设备：511 000 元
(5)　接受乙公司捐赠不需安装的机器：370 000 元

编制 2020 年度取得各项固定资产的会计分录如下。

(1) 借：固定资产	507 000
应交税费——应交增值税(进项税额)	65 630
贷：银行存款	572 630
(2) 借：在建工程	200 000
应交税费——应交增值税(进项税额)	26 000
贷：银行存款	226 000
借：在建工程	29 900
贷：原材料	28 000
应付职工薪酬	1 900
借：固定资产	229 900
贷：在建工程	229 900
(3) 借：工程物资	103 000
应交税费——应交增值税(进项税额)	13 270
贷：银行存款	116 270
借：在建工程	103 000
贷：工程物资	103 000
借：在建工程	51 400
贷：原材料	51 400
借：在建工程	6 000
贷：应付职工薪酬	6 000
借：在建工程	2 040
贷：生产成本——辅助生产	2 040
借：在建工程	1 200
贷：银行存款	1 200
借：固定资产	163 640

	贷：在建工程	163 640
(4)	借：固定资产	511 000
	应交税费——应交增值税(进项税额)	990
	贷：实收资本	400 000
	资本公积—— 资本溢价	100 000
	银行存款	11 990
(5)	借：固定资产	370 000
	应交税费——应交增值税(进项税额)	900
	贷：营业外收入	360 000
	银行存款	10 900

3. (1) 借：在建工程　　　　　　　　　　　　　　　　120 000
　　　　　应交税费——应交增值税(进项税额)　　　15 600
　　　　　贷：应付账款　　　　　　　　　　　　　　135 600
　　借：在建工程　　　　　　　　　　　　　　　　　40 000
　　　　贷：原材料　　　　　　　　　　　　　　　　15 000
　　　　　　应付职工薪酬　　　　　　　　　　　　　3 600
　　　　　　生产成本——辅助生产　　　　　　　　　3 400
　　　　　　银行存款　　　　　　　　　　　　　　　18 000
　　借：固定资产　　　　　　　　　　　　　　　　　160 000
　　　　贷：在建工程　　　　　　　　　　　　　　　160 000

(2) 第一年折旧额=160 000×2÷5=64 000(元)
第二年折旧额=(160 000-64 000)×2÷5= 38 400(元)
第二年每月计提折旧额=38 400÷12=3 200(元)
　　借：制造费用　　　　　　　　　　　　　　　　　3 200
　　　　贷：累计折旧　　　　　　　　　　　　　　　3 200

(3) 该设备出售时已提折旧额=64000+38400=102400(元)
　　借：固定资产清理　　　　　　　　　　　　　　　57 600
　　　　累计折旧　　　　　　　　　　　　　　　　　102 400
　　　　贷：固定资产　　　　　　　　　　　　　　　160 000
　　借：银行存款　　　　　　　　　　　　　　　　　113 000
　　　　贷：固定资产清理　　　　　　　　　　　　　100 000
　　　　　　应交税费——应交增值税(销项税额)　　　13 000
　　借：固定资产清理　　　　　　　　　　　　　　　900
　　　　贷：库存现金　　　　　　　　　　　　　　　900
　　借：固定资产清理　　　　　　　　　　　　　　　41 500
　　　　贷：资产处置损益　　　　　　　　　　　　　41 500

4. (1) 将管理用房转入清理。
　　借：固定资产清理　　　　　　　　　　　　　　　240 000

累计折旧	160 000	
贷：固定资产		400 000

(2) 支付清理费用。
借：固定资产清理　　　　　　　　　　　　　15 000
　　贷：银行存款　　　　　　　　　　　　　　　　　15 000

(3) 残料变价收入存入银行。
借：银行存款　　　　　　　　　　　　　　　10 000
　　贷：固定资产清理　　　　　　　　　　　　　　　10 000

(4) 收到保险公司赔偿。
借：银行存款　　　　　　　　　　　　　　　120 000
　　贷：固定资产清理　　　　　　　　　　　　　　　120 000

(5) 结转清理净损失。
借：营业外支出　　　　　　　　　　　　　　125 000
　　贷：固定资产清理　　　　　　　　　　　　　　　125 000

5. (1) 借：在建工程　　　　　　　　　　　　　700 000
　　　　　累计折旧　　　　　　　　　　　　　700 000
　　　　　　贷：固定资产　　　　　　　　　　　　　1 400 000

(2) 借：在建工程　　　　　　　　　　　　　　240 000
　　　贷：银行存款　　　　　　　　　　　　　　　　240 000

(3) 借：固定资产　　　　　　　　　　　　　　940 000
　　　贷：在建工程　　　　　　　　　　　　　　　　940 000

(4) 改造后的生产线年折旧额= 940 000÷4=235 000(元)
借：制造费用　　　　　　　　　　　　　　　235 000
　　贷：累计折旧　　　　　　　　　　　　　　　　　235 000

6. 借：资产减值损失——计提的固定资产减值准备　　60 000
　　贷：固定资产减值准备　　　　　　　　　　　　　60 000

7. (1) 清查时调整到账实相符。
借：待处理财产损溢——待处理固定资产损溢　　　85 000
　　累计折旧　　　　　　　　　　　　　　　　240 000
　　固定资产减值准备　　　　　　　　　　　　25 000
　　　贷：固定资产　　　　　　　　　　　　　　　　350 000

(2) 报经批准后,
借：营业外支出——盘亏损失　　　　　　　　85 000
　　贷：待处理财产损溢——待处理固定资产损溢　　85 000

项目七

一、单项选择题

1～5. CAACC   6～10. AADBB   11～15. CDBAC   16～20. ABBDA

二、多项选择题

1. ABCD	2. AD	3. ABC	4. ABCDE	5. ACD
6. AD	7. AE	8. ABCD	9. ABC	10. ACD

三、判断题

1～5. ×√√××   6～10. √××××   11～15. ×××√   16～20. ××××√

四、实务操作题

1.

(1) 借：无形资产　　　　　　　　　　　　　　120 000
　　　贷：银行存款　　　　　　　　　　　　　　120 000

(2) 借：制造费用　　　　　　　　　　　　　　12 000
　　　贷：累计摊销　　　　　　　　　　　　　　12 000

(3) 借：银行存款　　　　　　　　　　　　　　95 400
　　　累计摊销　　　　　　　　　　　　　　　　36 000
　　　贷：无形资产　　　　　　　　　　　　　　120 000
　　　　　应交税费——应交增值税(销项税额)　5 400
　　　　　资产处置损益　　　　　　　　　　　　6 000

(4) 借：销售费用　　　　　　　　　　　　　　350 000
　　　贷：银行存款　　　　　　　　　　　　　　350 000

(5) 借：资产减值损失——无形资产减值损失　110 000
　　　贷：无形资产减值准备　　　　　　　　　　110 000

(6) 借：银行存款　　　　　　　　　　　　　　38 160
　　　贷：其他业务收入　　　　　　　　　　　　36 000
　　　　　应交税费——应交增值税(销项税额)　2 160
　　借：其他业务成本　　　　　　　　　　　　20 000
　　　贷：累计摊销　　　　　　　　　　　　　　18 000
　　　　　银行存款　　　　　　　　　　　　　　2 000

(7) 借：无形资产　　　　　　　　　　　　　　21 000 000
　　　贷：银行存款　　　　　　　　　　　　　　2 100 0000

(8) 借：无形资产减值准备　　　　　　　　　　28 000
　　　累计摊销　　　　　　　　　　　　　　　　20 000

营业外支出　　　　　　　　　　　　　　　　　52 000
　　　　贷：无形资产　　　　　　　　　　　　　　　　　100 000
2. 该公司可以确定 2019 年 10 月 1 日是该项无形资产的确认标准日。
2019 年 10 月 1 日以前发生研发支出时，编制会计分录如下。
　　　借：研发支出——费用化支出　　　　　　　　　100
　　　　贷：应付职工薪酬等　　　　　　　　　　　　　　100
期末，应将费用化的研发支出予以结转，编制会计分录如下。
　　　借：管理费用　　　　　　　　　　　　　　　　　100
　　　　贷：研发支出——费用化支出　　　　　　　　　　100
2019 年 10 月 1 日以后发生研发支出时，编制会计分录如下。
　　　借：研发支出——资本化支出　　　　　　　　　60
　　　　贷：应付职工薪酬等　　　　　　　　　　　　　　60
2020 年 1—6 月发生材料费用、直接参与开发人员的工资、场地设备等租金和注册费等支出 240 万元，编制会计分录如下。
　　　借：研发支出——资本化支出　　　　　　　　　240
　　　　贷：应付职工薪酬等　　　　　　　　　　　　　　240
2020 年 6 月末该项新工艺完成，达到预定可使用状态时，编制会计分录如下。
　　　借：无形资产　　　　　　　　　　　　　　　　　300
　　　　贷：研发支出——资本化支出　　　　　　　　　　300
3. 2019 年相关会计分录如下。
(1) 截至 2019 年该专利权的账面价值=300-300÷10×4=180(万元)，可收回金额为 100 万元，计提减值准备 80 万元。
　　　借：资产减值损失——计提的无形资产减值准备　　800 000
　　　　贷：无形资产减值准备　　　　　　　　　　　　　800 000
(2) 内部研发非专利技术账面价值 150 万元，属于使用寿命不确定的无形资产，不进行摊销，可收回金额为 130 万元时计提减值准备 20 万元。
　　　借：资产减值损失——计提的无形资产减值准备　　200 000
　　　　贷：无形资产减值准备　　　　　　　　　　　　　200 000
2020 年相关会计分录如下。
(1) 计提减值准备以后，购入的专利权在 2020 年继续摊销，摊销金额=100÷5=20(万元)。
　　　借：管理费用　　　　　　　　　　　　　　　　　200 000
　　　　贷：累计摊销　　　　　　　　　　　　　　　　　200 000
(2) 内部研发非专利技术确定了可使用年限后需要摊销，摊销金额=130÷4=32.5(万元)。
　　　借：管理费用　　　　　　　　　　　　　　　　　325 000
　　　　贷：累计摊销　　　　　　　　　　　　　　　　　325 000

4. (1) 编制购入该无形资产的会计分录。
借：无形资产   300
    贷：银行存款   300
(2) 2017年12月31日无形资产的摊销金额=(300÷10)×(1÷12)=2.50(万元)
(3) 编制2017年12月31日摊销无形资产的会计分录。
借：管理费用——无形资产摊销   2.50
    贷：累计摊销   2.50
(4) 2018年12月31日该无形资产的账面价值=无形资产的账面余额-累计摊销-无形资产减值准备的余额=300-32.5=267.50(万元)
(5) 2019年12月31日该无形资产的账面价值=300-2.50-30-30=237.50(万元)
该无形资产的预计未来现金流量现值高于其公允价值减去处置费用后的金额，其可收回金额是预计未来现金流量现值，即190万元，因此应该计提的无形资产减值准备=237.5-190=47.50(万元)。
借：资产减值损失——计提的无形资产减值准备   47.50
    贷：无形资产减值准备   47.50
(6) 计算该无形资产出售形成的净损溢。
2020年前3个月该无形资产的摊销金额=190÷(120-25)×3=6(万元)
至2020年4月1日，无形资产共摊销了68.5(2.5+30+30+6)万元，因此出售净损溢为76[260-(300-68.5-47.5)]万元。
(7) 编制该无形资产出售的会计分录。
借：银行存款   260
    累计摊销   68.50
    无形资产减值准备   47.50
    贷：无形资产   300
        资产处置损益   76

5. 无形资产可收回金额应按资产的公允价值减去处置费用后的净额与资产预计未来现金流量的现值两者之间较高者确定。所以本题中，2019年专利权的可收回金额应是6 000万元，发生减值损失500万元。有关计提减值准备的分录如下。
借：资产减值损失——计提的无形资产减值准备   500
    贷：无形资产减值准备   500
2020年3月1日出售时，该专利权累计摊销额=1 500+6 000÷5×2÷12=1 700(万元)。
2020年出售该专利权的会计分录如下。
借：银行存款   5 936
    无形资产减值准备   500
    累计摊销   1 700
    资产处置损益   200
    贷：无形资产——专利权   8 000

应交税费——应交增值税(销项税额)	336

6. 借：长期待摊费用　　　　　　　　　　　　　96 000
　　贷：银行存款　　　　　　　　　　　　　　　　　96 000
　借：管理费用　　　　　　　　　　　　　　　　32 000
　　贷：长期待摊费用　　　　　　　　　　　　　　　32 000

项目八

一、单项选择题

1~5. CDBAB　　　6~10. DDCAD　　　11~15. BCDAC

二、多项选择题

1. AB　　　2. ABC　　　3. ABD　　　4. BCD　　　5. BD
6. ACD　　7. BCD　　8. ABC　　9. ABCD　　10. ABCD

三、判断题

1~5. ×√×√×　　　6~10. ××√××　　　11~15. √√××√

四、实务操作题

1.(1) 4月1日取得短期借款时，
　借：银行存款　　　　　　　　　　　　　　　600 000
　　贷：短期借款　　　　　　　　　　　　　　　　600 000
(2) 4、5月末计提利息时，
　借：财务费用　　　　　　　　　　　　　　　2 500
　　贷：应付利息　　　　　　　　　　　　　　　　2 500
(3) 6月30日偿付短期借款及利息时，
　借：财务费用　　　　　　　　　　　　　　　2 500
　　应付利息　　　　　　　　　　　　　　　　5 000
　　短期借款　　　　　　　　　　　　　　　600 000
　　贷：银行存款　　　　　　　　　　　　　　　607 500
2.(1) 预收货款时，
　借：银行存款　　　　　　　　　　　　　　　80 000
　　贷：预收账款　　　　　　　　　　　　　　　　80 000
(2) 实际销售时，
　借：预收账款　　　　　　　　　　　　　　　80 000
　　银行存款　　　　　　　　　　　　　　　　33 000
　　贷：主营业务收入　　　　　　　　　　　　　100 000
　　　　应交税费——应交增值税(销项税额)　　　　13 000
3. 6月份应缴纳的增值税=(13 000+1 950+1 300+130)-(1 800+1 300)=13 280(元)

编制相应的会计分录如下。
(1) 借：原材料 10 000
　　　应交税费——应交增值税(进项税额) 1 300
　　　　贷：银行存款 11 300
(2) 借：银行存款 113 000
　　　　贷：主营业务收入 100 000
　　　　　　应交税费——应交增值税(销项税额) 13 000
(3) 借：在建工程 11 950
　　　　贷：库存商品 10 000
　　　　　　应交税费——应交增值税(销项税额) 1 950
(4) 借：应付股利 11 300
　　　　贷：主营业务收入 10 000
　　　　　　应交税费——应交增值税(销项税额) 1 300
　借：利润分配——应付投资者股利 11 300
　　　贷：应付股利 11 300
　借：主营业务成本 8 500
　　　贷：库存商品 8 500
(5) 借：待处理财产损溢——待处理流动资产损溢 1 130
　　　　贷：原材料 1 000
　　　　　　应交税费——应交增值税(进项税额转出) 130
　借：管理费用 1 130
　　　贷：待处理财产损溢——待处理流动资产损溢 1 130
(6) 借：应交税费——应交增值税(已交税金) 12 000
　　　　贷：银行存款 12 000
4. 借：生产成本——基本生产成本 230 000
　　　管理费用 80 000
　　　在建工程 40 000
　　　销售费用 20 000
　　　研发支出——费用化支出 30 000
　　　　贷：应付职工薪酬——工资 400 000
　借：生产成本——基本生产成本 11 500
　　　管理费用 4 000
　　　在建工程 2 000
　　　销售费用 1 000
　　　研发支出——费用化支出 1 500
　　　　贷：应付职工薪酬——住房公积金 20 000
　借：应付职工薪酬——工资 20 000

贷：其他应付款——住房公积金		20 000
借：应付职工薪酬——住房公积金	20 000	
其他应付款——职工	20 000	
贷：银行存款		40 000

项目九

一、单项选择题

1～5. BBDBA　　　　6～10. ADDAD

二、多项选择题

1. ABC　　2. CD　　3. ABCD　　4. ABCDE　　5. ABCD
6. ABC　　7. BCE　　8. AC　　9. ACD　　10. ABC

三、判断题

1～5. ××√√√　　6～10. √×√××

四、实务操作题

1. (1) 2018 年 1 月 1 日取得专门借款时编制会计分录如下。

借：银行存款	50 000 000	
贷：长期借款——本金		50 000 000

(2) 2018 年 12 月 31 日计算当年借款利息，确定资本化金额时编制会计分录如下。

借：在建工程	4 500 000	
贷：应付利息		4 500 000

(3) 2018 年 12 月 31 日支付借款利息时编制会计分录如下。

借：应付利息	4 500 000	
贷：银行存款		4 500 000

(4) 2019 年 12 月 31 日计算当年借款利息，确定资本化金额时编制会计分录如下。

当年度应资本化的利息费用＝5 000×9%×5/12=187.5(万元)

当年度应费用化的利息费用＝5 000×9%×7/12=262.5(万元)

借：在建工程	1 875 000	
财务费用	2 625 000	
贷：应付利息		4 500 000

(5) 2019 年 12 月 31 日支付借款利息时编制会计分录如下。

借：应付利息	4 500 000	
贷：银行存款		4 500 000

(6) 2020 年 12 月 31 日计算当年借款利息时编制会计分录如下。

借：财务费用	4 500 000	
贷：应付利息		4 500 000

(7) 2020 年 12 月 31 日支付借款利息时编制会计分录如下。
借：应付利息   4 500 000
    贷：银行存款   4 500 000
(8) 2021 年 1 月 1 日到期偿还长期借款本金时编制会计分录如下。
借：长期借款——本金   50 000 000
    贷：银行存款   50 000 000

2. 甲公司根据有关资料，采用实际利率法和摊余成本计算确定的利息费用，如表 2 所示。

表 2 利息费用一览表   单位：元

付息日期	支付利息	利息费用	摊销的利息调整	应付债券摊余成本
2015 年 12 月 31 日				10 432 700.00
2016 年 12 月 31 日	600 000	521 635.00	78 365.00	10 354 335.00
2017 年 12 月 31 日	600 000	517 716.75	82 283.25	10 272 051.75
2018 年 12 月 31 日	600 000	513 602.59	86 397.41	10 185 654.34
2019 年 12 月 31 日	600 000	509 282.72	90 717.28	10 094 937.06
2020 年 12 月 31 日	600 000	505 062.94*	94 937.06	10 000 000.00

注：*尾数调整。

根据表 2 中的资料，甲公司的账务处理如下。
(1) 2015 年 12 月 31 日发行债券时编制会计分录如下。
借：银行存款   10 432 700
    贷：应付债券——面值   10 000 000
              ——利息调整   432 700
(2) 2016 年 12 月 31 日计算利息费用时编制会计分录如下。
借：财务费用等   521 635
    应付债券——利息调整   78 365
    贷：应付利息   600 000

2017 年、2018 年、2019 年确认利息费用的会计处理同 2016 年。
(3) 2020 年 12 月 31 日归还债券本金及最后一期利息费用时编制会计分录如下。
借：财务费用等   505 062.94
    应付债券——面值   10 000 000
              ——利息调整   94 937.06
    贷：银行存款   10 600 000

3. (1) 融资租赁日，租入设备时编制会计分录如下。
借：固定资产——融资租入固定资产   5 000 000
    未确认融资费用   1 000 000
    贷：长期应付款——应付融资租入款   6 000 000
(2) 每年年末支付租金的会计分录如下。

借：长期应付款——应付融资租赁款	600 000	
贷：银行存款		600 000

(3) 每年年末摊销未确认融资费用时的会计分录如下。

借：财务费用	100 000	
贷：未确认融资费用		100 000

(4) 每年年末计提固定资产折旧的会计分录如下。

每年应计提的折旧=5 000 000(1-5%)/10=475 000(元)

借：制造费用	475 000	
贷：累计折旧		475 000

(5) 租赁期满，将固定资产转给承租人时编制会计分录如下。

借：固定资产——生产经营用	5 000 000	
贷：固定资产——融资租入固定资产		5 000 000

项目十

一、单项选择题

1～5. CCABC　　6～10. DCDDC　　11～15. ABCDD　　16～20. DCABA

二、多项选择题

1. BC　　2. BD　　3. CD　　4. ABC　　5. BCD
6. ABC　　7. ABD　　8. AD　　9. AC　　10. ABC

三、判断题

1～5. ×××××　　6～10. √×××√　　11～15. √√√√×

四、实务操作题

1. 投资者初次出资时编制会计分录如下。

借：银行存款	400 000	
贷：实收资本——A 股东		200 000
——B 股东		200 000

(1) 接受 A 股东增资时编制会计分录如下。

借：固定资产	126 000	
贷：实收资本——A 股东		100 000
资本公积		26 000

(2) 接受 B 股东增资时编制会计分录如下。

借：原材料	110 000	
应交税费——应交增值税(进项税额)	18 700	
贷：实收资本——B 股东		100 000
资本公积		28 700

(3) 接受 C 股东投资时编制会计分录如下。

借：银行存款　　　　　　　　　　　　　　　　　　390 000
　　贷：实收资本——C 股东　　　　　　　　　　　300 000
　　　　资本公积　　　　　　　　　　　　　　　　 90 000

2. (1) 收到投资者投入资本时编制会计分录如下。

借：银行存款　　　　　　　　　　　　　　　　　　　 570
　　无形资产　　　　　　　　　　　　　　　　　　　　50
　　固定资产——设备　　　　　　　　　　　　　　　 150
　　　　　　——轿车　　　　　　　　　　　　　　　　30
　　贷：实收资本——A 股东　　　　　　　　　　　　320
　　　　　　　　——B 股东　　　　　　　　　　　　 280
　　　　　　　　——C 股东　　　　　　　　　　　　 200

(2) 2019 年分配现金股利时编制会计分录如下。

借：利润分配　　　　　　　　　　　　　　　　　　　 100
　　贷：应付股利——A 股东　　　　　　　　　　　　　40
　　　　应付股利——B 股东　　　　　　　　　　　　　35
　　　　应付股利——C 股东　　　　　　　　　　　　　25

(3) 甲公司 2020 年 12 月 31 日吸收 D 股东出资时产生的资本公积=100+56.5-1000×10%=56.5(万元)

(4) 收到 A、B、C 股东追加投资和 D 股东出资时编制会计分录如下。

借：银行存款　　　　　　　　　　　　　　　　　　　 100
　　原材料　　　　　　　　　　　　　　　　　　　　　50
　　应交税费——应交增值税(进项税额)　　　　　　　 6.5
　　贷：实收资本——D 股东　　　　　　　　　　　　 100
　　　　资本公积——资本溢价　　　　　　　　　　　 56.5

借：银行存款　　　　　　　　　　　　　　　　　　　 100
　　贷：实收资本——A 股东　　　　　　　　　　　　　40
　　　　实收资本——B 股东　　　　　　　　　　　　　35
　　　　实收资本——C 股东　　　　　　　　　　　　　25

(5) A 股东占有比例=(320+40)÷1 000=36%

B 股东占有比例=(280+35)÷1 000=31.5%

C 股东占有比例=(200+25)÷1 000=22.5%

D 股东占有比例=100÷1 000=10%

3. 编制会计分录如下。

(1) 借：银行存款　　　　　　　　　　　　　　　　480 000
　　　　贷：股本　　　　　　　　　　　　　　　　200 000
　　　　　　资本公积——股本溢价　　　　　　　　280 000

(2) 借：无形资产　　　　　　　　　　　　　　　　120 000

```
         贷：股本——普通股                              80 000
             资本公积——股本溢价                        40 000
借：固定资产                                         360 000
    贷：股本                                              240 000
        资本公积——股本溢价                              120 000
```

4. 编制会计分录如下。

```
(1) 借：利润分配——提取法定盈余公积              500
              ——提取任意盈余公积              500
        贷：盈余公积——法定盈余公积                   500
                  ——任意盈余公积                   500
(2) 借：利润分配——应付现金股利或利润           2 000
        贷：应付股利                                  2 000
    借：利润分配——转作股本的股利                2 000
        贷：股本                                      2 000
(3) 借：资本公积                                   3 000
        贷：股本                                      3 000
```

5. 编制会计分录如下。

```
借：本年利润                                    5 000 000
    贷：利润分配——未分配利润                          5 000 000
借：利润分配——提取法定盈余公积                 500 000
    贷：盈余公积——法定盈余公积                         500 000
借：利润分配——应付现金股利或利润               600 000
    贷：应付股利                                         600 000
借：利润分配——未分配利润                      1 100 000
    贷：利润分配——提取法定盈余公积                     500 000
              ——应付现金股利或利润                     600 000
```

项目十一

一、单项选择题

1~5. DCCAB　　　6~10. DABAC　　11~15. DBDBB　　16~20. ACBCB

二、多项选择题

1. BC　　2. AB　　3. AB　　4. BCD　　5. ABCD
6. AD　　7. AC　　8. ABCD　　9. BCD　　10. ABC

三、判断题

1~5. √××√√　　6~10. √√×××　　11~15. ×√√×√

四、实务操作题

1. 2020 年 2 月 1 日，销售商品时，

借：应收账款　　　　　　　　　　　　　　　　5 650 000
　　贷：主营业务收入　　　　　　　　　　　　　　5 000 000
　　　　应交税费——应交增值税(销项税额)　　　　 650 000
借：主营业务成本　　　　　　　　　　　　　　　4 000 000
　　贷：库存商品　　　　　　　　　　　　　　　　4 000 000

2020 年 2 月 9 日收到货款时，
发生的现金折扣 = 5 000 000×2% = 100 000(元)

借：银行存款　　　　　　　　　　　　　　　　　5 550 000
　　财务费用　　　　　　　　　　　　　　　　　　 100 000
　　贷：应收账款　　　　　　　　　　　　　　　　5 650 000

2020 年 6 月，该批商品因质量问题被全部退回并退款。

借：主营业务收入　　　　　　　　　　　　　　　5 000 000
　　应交税费——应交增值税(销项税额)　　　　　　 650 000
　　贷：应收账款　　　　　　　　　　　　　　　　5 550 000
　　　　财务费用　　　　　　　　　　　　　　　　 100 000
借：库存商品　　　　　　　　　　　　　　　　　4 000 000
　　贷：主营业务成本　　　　　　　　　　　　　　4 000 000

2. (1) 收到客户首期付款时，应编制如下会计分录。

借：银行存款　　　　　　　　　　　　　　　　　3 125 000
　　贷：合同负债　　　　　　　　　　　　　　　　3 125 000

(2) 发生劳务成本时，应编制如下会计分录。

借：合同履约成本　　　　　　　　　　　　　　　1 800 000
　　贷：应付职工薪酬等　　　　　　　　　　　　　1 800 000

(3) 2020 年年末，确认劳务收入，应编制如下会计分录。

履约进度 = 1 800 000÷(1 800 000 + 1 200 000)×100% = 60%
2020 年应确认的收入 = 5 000 000×60% - 0 = 3 000 000(元)

借：合同负债　　　　　　　　　　　　　　　　　3 390 000
　　贷：主营业务收入　　　　　　　　　　　　　　3 000 000
　　　　应交税费——应交增值税(销项税额)　　　　 390 000

(4) 2020 年年末，结转成本，应编制如下会计分录。

2020 年应确认的费用 = (1 800 000 + 1 200 000)×60% - 0 = 1 800 000(元)

借：主营业务成本　　　　　　　　　　　　　　　1 800 000
　　贷：合同履约成本　　　　　　　　　　　　　　1 800 000

3. (1) 借：应收账款　　　　　　　　　　　　　　　 904 000
　　　　贷：主营业务收入　　　　　　　　　　　　 800 000
　　　　　　应交税费——应交增值税(销项税额)　　 104 000

	借：主营业务成本	350 000	
	贷：库存商品		350 000
(2)	借：主营业务收入	40 000	
	应交税费——应交增值税(销项税额)	5 200	
	贷：银行存款		44 400
	财务费用		800
	借：库存商品	22 000	
	贷：主营业务成本		22 000
(3)	借：发出商品	66 000	
	贷：库存商品		66 000
(4)	借：应收账款	135 600	
	贷：主营业务收入		120 000
	应交税费——应交增值税(销项税额)		15 600
	借：主营业务成本	66 000	
	贷：发出商品		66 000
	借：销售费用	12 000	
	贷：应收账款		12 000
(5)	借：管理费用	67 800	
	贷：银行存款		67 800
	借：信用减值损失	4 000	
	贷：坏账准备		4 000
(6)	借：税金及附加	3 000	
	贷：应交税费——应交城市维护建设税		2 100
	——应交教育费附加		900
(7)	借：所得税费用	100 000	
	贷：应交税费——应交所得税		100 000

所得税费用=[(880 000+800)-(394 000+3 000+12 000+67 800+4 000)]×25%=100 000(元)

(8)	借：主营业务收入	880 000	
	财务费用	800	
	贷：本年利润		880 800
	借：本年利润	580 800	
	贷：主营业务成本		394 000
	税金及附加		3 000
	销售费用		12 000
	管理费用		67 800
	信用减值损失		4 000
	所得税费用		100 000

借：本年利润 300 000
  贷：利润分配——未分配利润 300 000
(9) 借：利润分配——提取盈余公积 30 000
  贷：盈余公积 30 000
(10) 借：利润分配——应付现金股利 120 000
  贷：应付股利 120 000
(11) 借：利润分配——未分配利润 150 000
  贷：利润分配——提取盈余公积 30 000
      ——应付现金股利 120 000

项目十二

一、单项选择题

1～5. BCAAB   6～10. BDCCB   11～15. CADAC   16～20. CBBCD

二、多项选择题

1. ABC	2. ABCDE	3. ABCD	4. ABCDE	5. ABCDE
6. ABCD	7. BE	8. ABC	9. AC	10. ABCD
11. ADE	12. AB	13. ABDE	14. ABCD	15. BDE
16. CE	17. AC	18. AD	19. ACDE	20.ABCDE

三、判断题

1～5. ×√×××   6～10. ××√√×   11～15. √×√××
16～20. ××√××

四、实务操作题

1. (1) 交易性金融资产=820 006 元)
(2) 应收账款=950 000(元)
(3) 预付款项=300 000(元)
(4) 其他应收款=200 000(元)
(5) 存货=580 000(元)
(6) 应付账款=800 000(元)
2. (1) "营业收入"项目金额=5 000-100+300-60=5 140(万元)
(2) "营业成本"项目金额=4 000-60+200-40=4 100(万元)
3. (1) "应收账款"项目金额=600+100-80= 620(万元)
(2) "预付款项"项目金额=320+ 20= 340(万元)
(3) "应付账款"项目金额= 400+60=460(万元)
(4) "预收款项"项目金额= 800+ 40=840(万元)

4. (1) "长期借款"项目金额= (300+600+ 450)-450= 900(万元)

(2) 长期借款中应列入"一年内到期的非流动负债"项目的金额= 450(万元)

(3) "长期待摊费用"项目金额=50-20= 30(万元)

(4) 长期待摊费用中应该列入"一年内到期的非流动资产"项目的金额=20(万元)

5. (1) 营业利润=45 000×(20-12)+30 000-50 000= 340 000(元)

(2) 利润总额=340 000+ 3 000= 343 000(元)

(3) 本年应交所得税=[343 000-2 500 +(25 000-20 000)+(20 000-15000)×25%=87 625(元)

(4) 净利润=343 000-87 625 = 255 375(元)

项目十三

一、单项选择题

1～5. DCABA 6～10. BBDDC 11～15. DABCB
16～20. DBBAD 21～25. DDADA 26～30. BDBDA
31～35. ADBAB 36～40. BDABB 41～45. CCADD
46～50. AAAAC

二、多项选择题

1. ACD	2. AC	3. AB	4. ABD	5. AB	6. ABC
7. ABC	8. ACD	9. ABC	10. AC	11. AD	12. ABC
13. AD	14. AD	15. ABCD	16. AB	17. ABC	18. AB
19. ABC	20. AE	21. ABCD	22. CD	23. BC	24. CD
25. ABC	26. AB	27. AB	28. AC	29. ACD	30. BD
31. ABD	32. BD	33. ABC	34. BCD	35. BD	36. ABC
37. AD	38. BCD	39. AD	40. CD		

三、判断题

1～5. √×√×√ 6～10. ×√××√ 11～15. ××√××
16～20. ××√√√ 21～25. ×√××√ 26～30. ××√√√
31～35. √√√×√ 36～40. ××××× 41～45. √×√×√

四、实务操作题

1. 乙公司 2020 年的有关会计处理如下。

借：投资性房地产——成本	4 040
贷：银行存款	4 040
借：银行存款	300
贷：其他业务收入	300
借：投资性房地产——公允价值变动	60
贷：公允价值变动损益	60

2. 乙公司转换日的会计处理如下。

借：固定资产 870
  公允价值变动损益 30
  贷：投资性房地产——成本 800
      ——公允价值变动 100

3. (1) 编制会计分录如下。

借：投资性房地产 800
  贷：银行存款 800

(2) 编制会计分录如下。

借：其他业务成本 46.75
  贷：投资性房地产累计折旧 46.75

(3) 编制会计分录如下。

借：银行存款 90
  贷：其他业务收入 90

(4) 编制会计分录如下。

借：其他业务成本 51
  贷：投资性房地产累计折旧 51

2019 年年末的账面价值=800-46.75-51=702.25(万元)

(5) 编制会计分录如下。

借：固定资产 800
  投资性房地产累计折旧 148.75
  贷：投资性房地产 800
    累计折旧 148.75

4. (1) 2016 年 12 月 31 日编制会计分录如下。

借：投资性房地产——成本 1 800
  公允价值变动损益 600
  累计折旧 400
  贷：固定资产 2 800

(2) 2017 年 12 月 31 日编制会计分录如下。

借：银行存款 300
  贷：其他业务收入 300

借：投资性房地产——公允价值变动 50
  贷：公允价值变动损益 50

(3) 2018 年 12 月 31 日编制会计分录如下。

借：银行存款 300
  贷：其他业务收入 300

借：投资性房地产——公允价值变动 40

  贷：公允价值变动损益   40

(4) 2019 年 12 月 31 日编制会计分录如下。

  借：银行存款   300
    贷：其他业务收入   300
  借：公允价值变动损益   70
    贷：投资性房地产——公允价值变动损益   70

(5) 2020 年 1 月 5 日编制会计分录如下。

  借：银行存款   1 900
    贷：其他业务收入   1 900
  借：其他业务成本   1 820
    贷：投资性房地产——公允价值变动   20
      投资性房地产——成本   1 800
  借：其他业务收入   580
    贷：公允价值变动损益   580

5. 甲公司(收到补价方)。

(1) 判断交易类型。

  甲公司收到的补价=100÷(换出资产的公允价值 2 100)×100%=4.76%<25%，属于非货币性资产交换。

(2) 计算换入资产的入账价值。

  甲公司换入资产的入账价值=2 100-100-260=1 740(万元)

(3) 编制相关会计分录如下。

  借：库存商品   1 740
    应交税费——应交增值税(进项税额)   260
    银行存款   100
    长期股权投资减值准备   300
    贷：长期股权投资   2 300
      投资收益   100

乙公司(支付补价方)。

(1) 判断交易类型。

  乙公司支付的补价 100÷(支付的补价 100+换出资产的公允价值 2 000)×100%=4.76%<25%，属于非货币性资产交换。

(2) 计算换入资产的入账价值=2 000+100+260=2 360(万元)

(3) 编制相关会计分录如下。

  借：长期股权投资   2 360
    贷：主营业务收入   2 000
      应交税费——应交增值税(销项税额)   260
      银行存款   100
  借：主营业务成本   1 500

存货跌价准备	50	
贷：库存商品		1 550

6. 该项交易属于非货币性资产交换。

甲公司(支付补价方)。

借：固定资产清理	1 500	
累计折旧	300	
贷：固定资产——设备		1 800
借：固定资产清理	15	
贷：银行存款		15
借：固定资产——货运汽车	1 545	
贷：固定资产清理		1 515
银行存款		30

乙公司(收到补价方)。

借：固定资产清理	1 550	
累计折旧	550	
贷：固定资产——货运汽车		2 100
借：固定资产——设备	1 520	
银行存款	30	
贷：固定资产清理		1 550

7. 根据《企业会计准则》的规定，甲公司应在 2020 年 12 月 31 日的资产负债表中确认一项金额为 900[(800+1 000)÷2]万元的负债。

有关会计处理如下。

借：营业外支出	9 000 000	
贷：预计负债		9 000 000

8. 2020 年年末甲企业应确认的负债金额(最佳估计数)=(18 000×0%)×75%+(18 000×1.5%)×20%+(18 000×3%)×5%=81(万元)

有关会计处理如下。

借：销售费用	810 000	
贷：预计负债		810 000

9. (1) 编制甲公司 2020 年 1 月 1 日会计政策变更的会计分录如下。

借：投资性房地产——成本	2 800	
投资性房地产累计折旧	280	
投资性房地产减值准备	120	
贷：投资性房地产		3 000
利润分配——未分配利润		200
借：利润分配——未分配利润	20	
贷：盈余公积		20

(2) 编制 2020 年 12 月 31 日投资性房地产公允价值变动的会计分录如下。
借：投资性房地产——公允价值变动   150
　　贷：公允价值变动损益   150

10. (1) 属于会计估计变更。不调整以前各期折旧，也不计算累积影响数，只需从 2020 年起按重新预计的使用年限计算年折旧费用。

按原估计，每年折旧额为 20 000 元，已提折旧 3 年，共计提折旧 60 000 元，固定资产的净值为 140 000 元。

改变估计使用年限后，2020 年起每年计提的折旧费为 28 000(140 000÷5)元，应编制会计分录如下。
借：管理费用   28 000
　　贷：累计折旧   28 000

同时应在会计报表附注中说明：本公司一台管理用设备，原价 200 000 元，原预计使用年限为 10 年，按直线法计提折旧。由于新技术的发展，该设备已不能按原使用年限计提折旧，因此本公司于 2020 年年初变更该设备的折旧年限为 8 年，以反映该设备的真实使用年限。此会计估计的变更对本年度净利润的影响金额为减少 6 000[(28 000-20 000)×(1-25%)]元。

(2) 属于本期发现的与前期相关的非重要差错，应调整本期损益及相关项目。编制会计分录如下。
借：管理费用   2 000
　　贷：待摊费用   2 000

(3) 属于本期发现的与前期相关的重要差错，应调整当期的期初留存收益及会计报表其他相关项目。

① 编制会计分录如下。
补转成本。
借：以前年度损益调整   100 000
　　贷：库存商品   100 000
调整所得税费用。
借：应交税费——应交所得税   25 000
　　贷：以前年度损益调整   25 000
将"以前年度损益调整"账户转入利润分配。
借：利润分配——未分配利润   75 000
　　贷：以前年度损益调整   75 000
调整利润分配。
借：盈余公积   11 250
　　贷：利润分配——未分配利润   11 250

② 在会计报表附注中说明：本年度发现 2019 年年末结转主营业务成本 100 000 元，已调整 2020 年的期初留存收益，在编制 2019 年与 2020 年的比较会计报表时，已对该项

差错进行了更正。由于此项错误的影响，2019 年度虚增净利润 75 000 元及留存收益 75 000 元，虚增存货 100 000 元。

11. 甲公司在接到乙公司通知时，首先判断属于资产负债表日后事项中的调整事项，并根据调整事项的处理原则进行会计处理。

(1) 补提坏账准备。

应补提的坏账准备=58 000×60%-2 900=31 900(元)。

借：以前年度损益调整　　　　　　　　　　　　　　31 900
　　贷：坏账准备　　　　　　　　　　　　　　　　　　　31 900

(2) 调整应交所得税。

借：应交税费——应交所得税(31 900×25%)　　　　 7 975
　　贷：以前年度损益调整　　　　　　　　　　　　　　　 7 975

(3) 将"以前年度损益调整"科目的余额转入"利润分配——未分配利润"。

借：利润分配——未分配利润　　　　　　　　　　　23 925
　　贷：以前年度损益调整(31 900-7 975)　　　　　　　　23 925

(4) 调整利润分配有关数字。

借：盈余公积　　　　　　　　　　　　　　　　　3 588.75
　　贷：利润分配——未分配利润(23 925×15%)　　　　3 588.75

(5) 调整会计报表相关项目的数字略。

12. 甲公司的账务处理如下。

(1) 2020 年 3 月 10 日，调整销售收入。

借：以前年度损益调整　　　　　　　　　　　　1 200 000
　　应交税费——应交增值税(销项税额)　　　　　 156 000
　　贷：应收账款　　　　　　　　　　　　　　　　　1 356 000

(2) 调整销售成本。

借：库存商品　　　　　　　　　　　　　　　　1 000 000
　　贷：以前年度损益调整　　　　　　　　　　　　　1 000 000

(3) 将"以前年度损益调整"账户的余额转入利润分配。

借：利润分配——未分配利润　　　　　　　　　　200 000
　　贷：以前年度损益调整　　　　　　　　　　　　　　200 000

(4) 调整盈余公积。

借：盈余公积　　　　　　　　　　　　　　　　　20 000
　　贷：利润分配——未分配利润　　　　　　　　　　　20 000

(5) 调整相关财务报表略。

(注：资产负债表日后事项中涉及报告年度所属期间的销售退回发生于报告年度所得税汇算清缴之后，应调整报告年度会计报表的收入、成本等，但按照税法规定在此期间的销售退回所涉及的应缴所得税，应作为本年的纳税调整事项。)

13. (1) ① 编制会计分录如下。

借：交易性金融资产　　　　　　　　　　　　　　　3 230
　　贷：银行存款——美元(500×6.46)　　　　　　　　 3 230
② 编制会计分录如下。
借：应收账款——美元(30×6.6)　　　　　　　　　　 198
　　贷：主营业务收入　　　　　　　　　　　　　　　 198
③ 编制会计分录如下。
借：银行存款——美元(500×6.53)　　　　　　　　　3 265
　　贷：实收资本　　　　　　　　　　　　　　　　 3 265
④ 编制会计分录如下。
借：原材料　　　　　　　　　　　　　　　　　　　 328
　　贷：应付账款——美元(50×6.56)　　　　　　　　　328
⑤ 编制会计分录如下。
借：银行存款——美元(20×6.55)　　　　　　　　　　131
　　贷：应收账款——美元(20×6.5)　　　　　　　　　 130
　　　　财务费用　　　　　　　　　　　　　　　　　　1
⑥ 编制会计分录如下。
借：在建工程　　　　　　　　　　　　　　　　　　32.8
　　贷：长期借款——应计利息(5×6.56)　　　　　　　32.8
⑦ 编制会计分录如下。
交易性金融资产的公允价值变动金额=100×4.6×6.56-100×5×6.46=-212.4(万元人民币)
借：公允价值变动损益　　　　　　　　　　　　　　212.4
　　贷：交易性金融资产——公允价值变动　　　　　　212.4
(2) 计算期末汇兑损益。
应收账款的期末汇兑损益=(20+30-20)×6.56- (20×6.5+30×6.6-20×6.5)
　　　　　　　　　　　=-1.2(万元人民币)
银行存款的期末汇兑损益=(500-500+500+20)×6.56-(500×6.5-500×6.46+500×6.53
　　　　　　　　　　　+20×6.55)
　　　　　　　　　　　=-4.8(万元人民币)
应付账款的期末汇兑损失=(10+50)×6.56-(10×6.5+50×6.56)=0.6(万元人民币)
长期借款的期末汇兑损失=85×6.56-(80×6.5+5×6.56)=4.8(万元人民币)
编制会计分录如下。
借：在建工程　　　　　　　　　　　　　　　　　　　4.8
　　贷：长期借款——美元　　　　　　　　　　　　　 4.8
借：财务费用　　　　　　　　　　　　　　　　　　　6.6
　　贷：应付账款——美元　　　　　　　　　　　　　 0.6
　　　　银行存款——美元　　　　　　　　　　　　　 4.8
　　　　应收账款——美元　　　　　　　　　　　　　 1.2